W0353444

Rezepte des Alltags mit Natron und Soda

Georg Schwedt

Verlag
SCHNELL
– seit 1834 –

Verlag
SCHNELL
– seit 1834 –

Impressum
Rezepte des Alltags mit Natron und Soda
Georg Schwedt
Illustrationen: Arnold HOLSTE Wwe, Bielefeld
© Verlag Schnell, Oststraße 24, 48231 Warendorf
www.schnell-verlag.de
ISBN 978-3-87716-684-0
Warendorf im November 2015

Inhalt

Vorwort

Soda (Natriumcarbonat) und *Natron* (Natriumhydrogencarbonat) gehören zu den Grundchemikalien der chemischen Industrie mit einem breiten Spektrum an Anwendungen – nicht nur im chemisch-technischen Bereich sondern vor allem auch im Alltag von jedem von uns.

Deshalb sollten wir mit den grundlegenden Eigenschaften vertraut sein, die Produkte kennen, in denen sie verwendet werden und welche Wirkung sie haben.

In diesem Buch mit vielen *Alltagsrezepten* werden beide chemischen Stoffe aus sehr unterschiedlichen Blickwinkeln vorgestellt – von der Wort- und Wissenschaftsgeschichte, über das Vorkommen, die Gewinnung bzw. Herstellung, Darstellungen in der Warenkunde bis hin zu zahlreichen Rezepten im täglichen Leben, vor allem auch mit vielen Kochrezepten.

Sie stammen aus einem Unternehmen, der Fa. HOLSTE in Bielefeld, das seit 1825 in Familienbesitz, diese Produkte in hoher Reinheit herstellt.

Über die Tipps für die Praxis hinausgehend, wird stets auch die der Anwendung zugrunde liegende chemische Wirkung auf einfache Weise erklärt. Und zu den Kochrezepten werden die speziellen Inhaltsstoffe auch historisch und lebensmittelchemisch näher vorgestellt.

1. Einleitung

1.1 Praktische Chemie als Chemie des täglichen Lebens

Was unsere Vorgänger unter *praktischer Chemie* um 1900 verstanden haben, verrät das Vorwort zu einem Buch mit dem gleichen Titel: „Einführung in die praktische Chemie von Dr. Felix B. Ahrens, weiland Professor an der Universität Breslau“:

Vorwort zur ersten Auflage des unorganischen Teiles.

Man kann darüber verschiedener Meinung sein, was ein Büchlein, das sich an die weitesten Kreise der Bevölkerung wendet, von anorganischer Chemie bringen soll; die Wünsche der Leser gehen in dieser Beziehung immer ungeheuer weit auseinander. Nach meinen bei Volkshochschulkursen gemachten langjährigen Erfahrungen nützt man am meisten, wenn man sich im wesentlichen auf die Erklärung der Dinge und Erscheinungen konzentriert, mit denen uns das tägliche Leben umgibt: Denn damit befriedigt man am besten die Frager, die nicht gedankenlos in den Tag hineinleben, sondern wissen wollen, unter welchen Bedingungen unsere Existenz auf der Erde ermöglicht ist, wie sich die Wandlungen im Weltenall vollziehen, was die Natur an Gaben für uns bereit und wie der Mensch dieselben verwertet und verwendet hat, um sein Leben besser, angenehmer und schöner zu gestalten...

Von dem berühmtesten und bedeutendsten Chemiker des 19. Jahrhunderts, Justus von LIEBIG (1803-1873), soll die Aussage stammen: **Alles ist Chemie, nichts geht ohne Chemie!**

1.2 Verwendung von Soda

Die alten Ägypter setzten Soda bereits zum Mumifizieren ein. Im Altertum verwendete man das natürlich vorkommende Soda auch als Reinigungsmittel und bei der Glasherstellung. Heute gehört Natriumcarbonat zu den von vielen Industriezweigen eingesetzten chemischen Grundprodukten, von dem um 2000 etwa 40 Millionen Tonnen im Jahr produziert wurden.

Die fünf wichtigsten Industriezweige mit den größten Anteilen an der Verwendung von Soda sind:

1. *Glasindustrie* – als Rohstoff für Glasschmelzen (wirkt als Flussmittel, verhindert in der erstarrenden Glasschmelze das Auskristallisieren von Siliciumdioxid)
2. *Chemische Industrie* – zur Herstellung von Bleichmitteln, Farben, Füllstoffen, Leim- und Klebstoffen, Wasserglas, Ultramarinfarben und vielen anderen Produkten
3. *Eisenhüttenindustrie* – zur Entschwefelung von Roheisen, Gusseisen und Stahl, als Flotation- und Flussmittel
4. *Waschmittelindustrie* – für Waschmittel und andere Reinigungsmittel, zum Verseifen von Fetten
5. *Papier-* und *Zellstoffindustrie* – zum Aufschluss, zur Neutralisation, zum Reinigen und Bleichen, zur Aufarbeitung von Altpapier

1.3 Verwendung von Natron

In der *Lebensmitteltechnik* ist Natron (Natriumhydrogencarbonat) Bestandteil von *Backpulvern, Brausepulvern* und *Sodawasser*.
In der *Medizin* wird Natron u.a. zum *Zähneputzen*, als Mittel gegen *Sodbrennen*, als *Antidot* bei Vergiftungen durch Barbiturate, Salicylate und trizyklische Antidepressiva, zur Behandlung der metabolischen Azidose, als *Badezusatz* bei Ekzemen, als Bestandteil von *Brausetabletten* verwendet.
Natron ist Bestandteil von *Feuerlöschern*, wird in der Landwirtschaft gegen *Pilzbefall* (wie Mehltau oder Graufäule) und neben Natriumcarbonat auch als Absorptionsmittel für saure *Abgasbestandteile* (Schwefeldioxid, Chlorwasserstoff) eingesetzt.
Im *Haushalt* verwenden wir Natron als *Triebmittel*, zum *Enthärten von Wasser*, in *Putzmitteln* zum Entfernen verkrusteter Speisereste, zum *Weichkochen* von Erbsen, Bohnen und Linsen, als Beigabe zu *Käsefondue*, zur Neutralisation *übler Gerüche* und überschüssiger *Säuren*.
In *Spielzeugraketen* verwendet man Gemische aus Natron und Essig als *Treibstoff*.

2. Natron und Soda – zwei Salze der *Kohlensäure*

2.1 Aus der Wortgeschichte

2.2.1 Natron

Die alten Ägypter kannten ein Laugensalz im heutigen *Wadi an-Natrun* in Unterägypten, westlich des Nildeltas in der Libyschen Wüste (s. Kap. 1.2) und nannten es *ntr[j]*. Über das arabische Wort *natrūn* gelangte es in die europäischen Sprachen, wurde im Französischen und Englischen zu *natron*, im Spanischen zu *natrón* und in der deutschen Sprache tauchte es erst im 16. Jahrhundert als *Natron* auf. Ein anderer Weg führt von dem ägyptischen Wort über das Griechische *nitron* für ein basisches Salz, das im Lateinischen gleichbedeutend mit *nitrum*, allerdings für Salpeter (Kaliumnitrat) verwendet wurde – so der Stand nach dem „Duden Herkunftswörterbuch" (Etymologie der deutschen Sprache) von 2001.
Bereits Georg Christian *Wittstein* ging in seinem „Vollständigem etymologisch-chemischem Handwörterbuch" von 1847 der Frage nach der Herkunft des Namens *Natron*, zu dieser Zeit als Natriumoxid definiert, nach:
***Natron** – das Wort ist offenbar, wie Kali, orientalischen Ursprungs, und entweder aus Nitrum (...) oder dieses aus jenem entstanden – die einzige salzfähige Basis des Natriums und nächst dem Kali die stärkste aller Basen, von DAVY zuerst im wasserfreien Zustande dargestellt. Vorkommen, Bereitung und Eigenschaften wie die des Kalis, nur ist es weniger ätzend als das Kali, schwerer zu schmelzen, wird an der Luft zwar auch feucht und zerfließt, dann aber, durch den Übergang in kohlensaures Natron, wieder fest. Zusammensetzung: NaO – Syn.: Natriumoxyd, Sodiumoxyd, mineralisches Alkali oder – Laugensalz.*
Georg Christoph *Wittstein* (1810-1887) wurde in Hannoversch-Münden geboren und war nach seiner Ausbildung zum Apotheker

(1824-1829 in Minden) zunächst als Apothekengehilfe in Clausthal, Güstrow und Hannover tätig. Ab 1835 studierte er in München Naturwissenschaften und promovierte zum Dr. phil. mit einer Arbeit bei Johann Andreas Buchner (1783-1852, seit 1826 Lehrstuhl für Pharmazie in München). Von 1836 bis 1850 war Wittstein als Assistent bzw. Präparator am Institut für Pharmazie und zugleich in der chemischen Fabrik von Buchners jüngstem Sohn, Carl Buchner (1821-1897), tätig. C. Buchner war zunächst Mitarbeiter des von seinem Vater 1830 in München gegründeten Privatlaboratoriums, bevor er 1847 die Konzession zur Errichtung einer „Fabrik pharmazeutisch-chemischer Produkte“ erhielt, in der auch Untersuchungen für Handel und Gewerbe durchgeführt wurden. Sie bestand bis 1930 als „Carl Buchner und Sohn A. G. Chemische Werke München“. Wittstein wurde 1851 Lehrer für Chemie, Technologie und Naturgeschichte an der Gewerbeschule in Ansbach und gründete 1853 als Privatgelehrter ein chemisches Laboratorium in München. Hier entwickelte er eine umfangreiche literarische Tätigkeit aus der das zitierte Handbuch (1848-1858 in drei Bänden), Taschenbücher der Nahrungs- und Genußmittellehre (1878) bzw. der Chemikalienlehre (1879), eine „Anleitung zur chemischen Analyse von Pflanzen und Pflanzenteilen“ (4. Aufl. 1876) sowie auch eine Übersetzung von Plinius‘ Naturgeschichte (1881) entstanden, aus der im Folgenden zitiert wird.

Bei dem römischen Schriftsteller und Naturforscher Caius *Plinius* Secundus (23/24-79 n. Chr.) finden wir in seinem Werk „Naturalis historia“ (in 37 Büchern) die Bezeichnung *nitrum* für offensichtlich Natriumcarbonat, als *nitron* schon von griechischen Autoren wie *Aristoteles* und *Dioskurides* verwendet (s.o.).

Plinius schrieb im „Einunddreißigsten Buch: Arzneimittel von dem Wasser" – Die zitierte Übersetzung stammt von dem o.g. Autor Wittstein aus dem Jahr 1881:
Ich will nun auch das Nitrum[1)]*, eine Substanz, welche vom (gemeinen) Salze nicht sehr unterschieden ist, in Betracht ziehen und um so sorgfältiger darauf eingehen, weil offenbar selbst die Ärzte, welche darüber geschrieben, dessen Natur nicht erkannt haben.*
(als Fußnote: [1)] Nicht zu verwechseln mit dem, was man jetzt so nennt und das bekanntlich Salpeter ist. Das Nitrum der Alten war wesentlich kohlensaures Natrum (Soda), oft aber sehr unrein (mit Kochsalz, Salmiak u. a. Salzen, Erden etc. vermengt), mochte auch wohl Salpeter enthalten.)
Weitere Stellen aus diesem Werk werden in Kapitel 2.2 zitiert.

2.1.2 Soda

Wittstein (s. 2.1.1) schrieb zur Herkunft des Wortes *Soda* u.a.:
„ – ein spanisches, aber ohne Zweifel aus dem Arabischen stammendes Wort – bezeichnet (sowie *Sosa* zunächst eine alkalische Seestrandpflanze (*Salsosa Soda*), dann aber die durch Einäschern derselben und einiger verwandter Arten gewonnene, graue, blasige, zusammengebackene Asche (auch *Barilla* genannt). Da nun diese Asche sehr reich an kohlensaurem Natron ist, so übertrug man den Namen Soda später auch auf das aus der Asche (oder auch auf künstlichem Wege aus Glaubersalz) dargestellte einfaches kohlensaure Natron, und nannte letzteres *gereinigte Soda*, die Asche selbst aber *rohe Soda*."

2.2 Zum Vorkommen in der Natur

Als Natronseen und als Natrontal (s. Kap. 1.2) werden noch heute Fundstätten bzw. Vorkommen bezeichnet, bei denen es sich um *Trona* handelt – ein Salz aus Natron und Soda. 1825 veröffentlichte Wilhelm Ritter von *Haidinger* (1795-1871) seine „Notiz über das Trona oder das natürliche kohlensaure Natron von Fezzan" in den „Annalen der Physik" (Band 5, S. 370-372). Haidinger begründete 1849 die „Kaiserlich-königliche Geologische Reichsanstalt" in Wien (heute „Geologische Bundesanstalt), die er 17 Jahre leitete. In den Annalen berichtete er wie folgt sehr ausführlich über die Vorkommen – bei dem römischen Naturforscher und Schriftsteller *Plinius* beginnend:

„Da es in der Mineralogie von jeher Sitte gewesen ist, beim Natron von *Plinius* zu reden, so mag auch hier bemerkt werden, dass das *Nitrum* der Alten, welches in Ägypten in der Nachbarschaft von Naucratis und Memphis gefunden wurde, und gewöhnlich für unser Natrum gehalten wird, wahrscheinlich *Trona* ist, weil es *lapidescit ibi in acervis: multique sunt tumuli ea de causa saxei* und weil wir auch in neueren mineralogischen Werken finden, dass das Natron aus den Seen in Ägypten hart und fest genug ist, um Mauern daraus erbauen zu können, wie es an einer gegenwärtig verlassenen Festung, Namens Quasrr oder Cassr, nahe bei den Natronseen, geschehen ist. Weil indess diese Festigkeit einer Beimischung von Kochsalz zugeschrieben worden ist, und auch beim Plinius einer solchen zugeschrieben werden kann, so lassen sich diese Namen nicht als unbezweifelte, Synonyma der Species gebrauchen. Doch stimmten die Erzählungen dieses Schriftstellers: dass von den Hammanientes, den Amantes dea Solinus, einer mit den Troglodyten [antike Volksstämme, die in Küstenhöhlen des westlichen Roten Meeres oder in

Libyen lebten] Handel treibenden Nation, Häuser von Salz erbaut worden seyn, merkwürdig genug mit dem Vorhandenseyn einer aus Natron erbauten Festung überein. Uebrigens begreift Plinius unter den Namen *Nitrum*, viele Substanzen, wie wesentlich verschieden sind. Dr. *Kidd* hat schon bemerkt, dass Einiges von dem ägyptischen Nitrum, welches *calce aspersum reddit odorem vehementem*, Salmiak seyn müsse und dass auch oft unser Salpeter unter diesem Namen zu verstehen sey. Es scheint, dass die Alten alle efflorescirt [lat. aufblühend; in der Geologie: Mineralüberzüge bildend] gefundene Salze wie z. B. Glaubersalz [Natriumsulfat], Bittersalz [Magnesiumsulfat] u. s. w. Nitrum genannt haben; ja die Stelle im Plinius: *nam quercu cremata nunquam multum factitatum est, et jampridem in totum omissum,* scheint sogar das Kali [Kaliumcarbonat] mit einzuschließen, obgleich diese auch unter den Methoden zur Gewinnung des Küchen-Salzes aufgezählt ist: *quercus optima, ut quae per se cinere sincero vim salis reddat.*

Unter den neueren Schriftstellern hat Dr. *Donald Monro* die ersten und zugleich sehr ausführlichen Nachrichten gegeben; er zeigte zuerst, dass *reines natürlich krystallisirtes Natron* in einigen Theilen des Innern von Tripolis in der Berberey vorkommt. Es wird dort gesagt, dass das Salz daselbst in dünnen Adern, ungefähr einen halben Zoll dick oder etwas darüber, in einer Schicht von Seesalz vorkommt; denn alles, was bisher nach England gebracht worden, ist auf beiden Seiten mit Seesalz überzogen. Die eine Seite ist beständig glätter, als die andere und scheint die Basis gewesen zu seyn, mit welcher es aufgelegen hatte; die andere, wie es scheint, obere Fläche, ist durch angeschlossene Krystalle rauher. Die Stücke von den dünnen Adern erscheinen fast so, als wenn das Salz in Wasser aufgelöst und hernach zu dünnen krystallinischen Kuchen eingekocht worden sey, nur dass die Krystalle viel kleiner, und auf eine Weise krystallisirt sind, die nicht leicht durch Kunst nachgeahmt werden kann. Denn wenn dieses Salz in Wasser aufgelöst und bis zum Salzhäutchen verdunstet wird, so schießt es immer in Krystallen an, die denen des Glaubersalzes ähnlich sehen.

Eine andere Nachricht wurde von Hrn. *Bagge*, schwedischem Konsul in Tripolis bekannt gemacht, und von dieser sind gemeiniglich die Beschreibungen in den mineralogischen Werken entnommen. [Beispiel: Hugo Strunz, Mineralogische Tabellen, 5. Aufl., Leipzig 1970 – **Trona** $Na_2H(CO_3)_2 \cdot 2\ H_2O$ – (Bagge, 1773) monoklin-prismatisch] Nach Hrn. Bagge ist ‚das Vaterland dieses Natrons, dort Trona genannt, die Provinz Sukena, zwei Tagereisen von Fezzan. [Der *Fessan* (ital. Fezzan) ist eine zur nördlichen Sahara gehörenden Wüstenlandschaft in Südwest-Libyen.] es wird daselbst am Fuße eines Felsens gefunden, an der Oberfläche der Erde, nicht über einen Zoll tief, und meistens so dick wie ein Messerrücken. Es kommt krystallisirt vor; auf dem Bruche zeigt es zusammengehäufte, längliche, parallel liegende und zuweilen gestreifte Krystalle, so dass es rohem oder ungebranntem Gypse ähnlich sieht.‘ Er sagt überdiess, dass es 28 Tagereisen weit von der Meeresküste gefunden wird, wo es Salzgruben giebt, und dass es nicht mit gewöhnlichem Salze verunreinigt ist. Große Mengen desselben werden nach dem Lande der Neger und nach Aegypten ausgeführt, und außerdem ungefähr 50 Tonnen jährlich nach Tripolis.

Die von Klaproth [Martin Heinrich *Klaproth* (1743-1817), ab 1810 Professor der Chemie an der neugegründeten Universität Berlin, Entdecker mehrerer chemischer Elemente – ausführlicher in Kap. 2.3] selbst gegebene Beschreibung beschränkt sich auf die Angabe, dass das was er untersucht habe, gewesen sey: ‚eine krystallinische Rinde von der Dicke eines drittel- bis halben Zolles, aus aufrecht stehenden parallelen Tafeln von blättrigstrahligem Gefüge zusammengehäuft.'

Die systematischen Werke über Mineralogie enthalten wenig mehr über diesen Gegenstand. Einige haben das Trona als eine besondere Abart unterschieden, doch die Mehrzahl von ihnen bringt es mit dem hemiprismatischen Natronsalz in eine Species, gestützt darauf, dass beide im Wesentlichen kohlensaures Natron sind.

Aus den geographischen Werken erfahren wir, dass es in Fezzan einen besonderen District, Namens *Mendrah* gibt, der einen harten und unfruchtbaren Boden hat, aber für den Handel von Wichtigkeit ist, weil daselbst eine Menge von Trona, einer Art fossilen Alkalis, theils auf der Oberfläche vieler rauchender Seen schwimmt, theils sich an deren Ufern absetzt. Ferner, dass große Mengen desselben durch die Kaufleute von Fezzan zur Verschiffung nach Tripolis gebracht werden; dass es in Marocco zum Rothfärben des Leders und in anderen Fabriken gebraucht werden und dass es einen Theil des Monopols der Regierung ausmache."

Haidinger bezieht sich auf ein Werk von „*Playfair's Geography* Vol. VI, p. 167. Hornemann's Travels in Africa" (James Playfair: System of Geography, 6 Bände, Edinburgh 1808-1814). Der bedeutende deutsche Geograph Carl *Ritter* (1779-1859; ab 1820 Professor in Berlin, Wegbereiter der wissenschaftlichen Geographie) gab zusammen mit Georg Friedrich Hermann Müller 1822 "Die Erdkunde im Verhältnis zur Natur und Geschichte des Menschen" heraus und schrieb darin auf S. 990 in einem Kapitel über „Afrika, Tiefland" über die Region *Fezzan* Folgendes:

„Das Gebiet bildet eine kreisrunde, von Wüsten umgebene Insel; und dadurch ist sie gegen die Einfälle von außen gesichert. Nur gegen W. sind die Gebirge unterbrochen, da scheint das Gebiet unmittelbar an die Sandfläche zu stoßen.

Es ist eine große tiefliegende Ebene, fast überall von leichtem Sandboden bedeckt, der gegen O. bei Teffona gar einen, einst tiefen und reißenden Strom zugedeckt haben soll. Im W. von der Hauptstadt Murzuk, nach der Sahara zu, ist der Boden wüst und öde. Gegen S. auf Mendrah, 12 geogr. Meilen entfernt, ist er überall trocken und mit einem Salze (fossil alkali) Trona genannt, bedeckt, sonst aber reich an Brunnen und einige immer sprudelnde, nie versiegende Quellen."

Das Bild, das wir uns heute von dieser Region des Vorkommens von Trona – *Fessan* – machen, ist Folgendes:
Diese zur nördlichen Sahara zählende Wüstenlandschaft in Südwest-Libyen wird zum größten Teil von zwei mit Dünenfeldern bedeckten Becken, von vulkanischen Gebirgsmassiven und großen ausgetrockneten Salzseen bestimmt. Etwa 2 % des Fessan können als Oasenkulturland (mit Dattelpalmen) genutzt werden. Die Bevölkerung besteht überwiegend aus Angehörigen der Volksstämme Tuareg und Tubu, von denen zwei Drittel in den Oasen Mursuk (6.000 Bewohner) und Sebha (30.000 Bewohner), der Rest als Nomaden leben. Der Fessan war ab etwa 1550 unter osmanischer Herrschaft, wurde 1911 von Italien annektiert, gelangte 1942 unter General Charles de Gaulles bis zur Unabhängigkeit Libyens 1951 unter französische Verwaltung.

Natron- oder Sodaseen sind im geologischen Zeitalter des *Perm* entstanden, als untermeerische Schwellen, so genannte *Barre*, Meeresbuchten oder Lagunen vom offenen Meer abtrennten. So konnte kein Frischwasseraustausch mehr stattfinden und infolge der Verdunstung von Wasser bildet sich eine immer stärke konzentrierte Salzlauge mit Salzen aus Carbonat-Gesteinen bzw. auch vulkanischer Tätigkeit. Es herrschte zu dieser Zeit ein feuchtwarmes Klima und so konnten durch die Meerwasserverdunstung eine Übersättigung der Salzlauge auftreten – mit nachfolgenden Ausfällungen der unterschiedlichen im Wasser gelösten Salze, immer in der Reihenfolge ihrer Löslichkeit. Vergleicht man die Löslichkeiten folgender Salze – Natriumchlorid (359 g/l), Natriumsulfat (170 g/l), Natriumcarbonat (217 g/l) und Natriumhydrogencarbonat (96 g/l) – so wird deutlich, dass bei gleichzeitigem Vorhandensein zuerst das Natriumhydrogencarbonat und dann das Natriumsulfat, gefolgt vom Natriumcarbonat ausfielen bzw. auskristallisierten. So konnten aus flachen Seen schließlich Natronlagerstätten entstehen, in denen sich aber auch das Natron durch Temperatureinwirkung langsam in Soda umwandelte.

Natron- oder Sodaseen als spezielle Art von Salzseen sind heute in vielen Ländern bekannt – z. B. in Tansania der *Lake Natron* (südwestlich von Nairobi), in Nordamerika, Asien und Südosteuropa. Der stark alkalische Natron-See im Nordosten von Tansania liegt zwischen den Ngorongoro Highlands und den Ebenen der Serengeti am einzigen aktiven Vulkan Afrikas, dem Oldonyo Lengai („Berg Gottes"). Er zählt zu den zahlreichen alkalischen Seen des großen Afrikanischen Grabenbruchs. Der Wasserspiegel ist erheblichen, jahreszeitlich bedingten Schwankungen unterworfen. Bei großer Hitze verdunstet viel Wasser, es bilden sich Schichten der sodahaltigen Minerale (Natron, Trona bzw. Soda). Es entsteht eine gleißend weiße Oberfläche, die Risse bildet und schließlich Salzschollen bildet, die aus der Luft wie Wabenmuster aussehen.

„Meyers Großes Konversations-Lexikon. Ein Nachschlagewerk des allgemeinen Wissens“ (6. Aufl., 14. Band 1906) berichtet:

„**Natrontal** (*Wadi Natrûn*), Tal in der Libyschen Wüste, etwa 40 km westnordwestlich von Kairo, 33 km lang, 3-8 km breit, ein Bruchgraben (nach Schweinfurth) mit tiefster Stelle von -23 m, während der mittlere Talgrund dem Meeresspiegel gleich ist und die Ränder sich 80-200 m über ihn erheben. Es ist benannt nach dem aus sechs größern Wasserbecken verdunstendem Natron, einem Salze, das neben 52 Proz. Kochsalz und 11 Proz. Glaubersalz 23 Proz. Kohlensaures Natron enthält. Letzteres wird durch Zersetzung aus Chlornatrium mit kohlensaurem Kalk gebunden, und scheint genährt zu werden durch Infiltration aus dem nächsten, höher gelegenen Nilarm von Rosette. Die Natrongewinnung bildet einen allerdings seit der Fabrikation künstlicher Soda weniger bedeutenden Erwerbszweig. Östlich liegen vier vom Einsiedler Makarius von Alexandria (373) gegründete koptische Klöster, deren wertvolle Manuskripte sich jetzt teils in England, teils in der Bibliothek des koptischen Patriarchen in Kairo befinden. Die Mönche allein bewohnen das Tal. – An der Nordostgrenze von Deutsch-Ostafrika ist ein *Natronsee*, 90 km lang, 650 m.ü.M., ein seichter Sumpf mit rötlichgelbem Wasser, der durch zahlreiche warme Quellen (bis 55°) gebildet wird. (...)“

Georg *Schweinfurth* (1836-1925) bereiste 1864-1866 Ägypten, den östlichen Sudan und die Küste des Roten Meeres. 1869-1871 forschte er im Gebiet des oberen Nils und seiner westlichen Zuflüsse. Ab 1873 reiste er mehrfach nach Nordost-Afrika.

Die Hafenstadt *Rosette* (arab. Raschid) im westlichen Nildelta wurde durch den im ehemaligen Fort Sait-Julien 1799 gefundenen Stein mit einem Dekret der Priester von Memphis zur Ehren Ptolemaios V. Epiphanes (195 v. Chr.) in hieroglyphischer und demotischer Schrift mit griechischer Übersetzung bekannt. Durch ihn gelang 1822 die Entzifferung der Hieroglyphen.

Deutsch-Ostafrika war von 1885 bis 1918 eine deutsche Kolonie – umfasst die heutigen Länder Tansania (ohne Sansibar), Burundi und Ruanda. Mit damals über 7 Millionen Einwohner war sie die größte und bevölkerungsreichste Kolonie des Deutschen Reiches.

2.3 Herstellung von Soda und Natron

2.3.1 Soda

Waschsoda wird als „feine kalzinierte Soda" als Handelsprodukt angeboten, womit auch der Herstellungsprozess angesprochen ist.
Die technische Gewinnung erfolgt heute fast ausschließlich nach dem *Ammoniak-Soda-Verfahren* – entwickelt 1861 von *Ernest Solvay* (1838-1922). Solvay, als Sohn eines Steinbruch- und Salzsiedereibesitzers in der Provinz Brabant geboren, arbeitete ab 1859 in der Gasfabrik eines Onkels. Auf der Suche nach dem dort anfallenden Ammoniakwasser stellte er zunächst Ammoniumcarbonat her – durch Einleiten von Kohlendioxid. Beim Umsetzen mit Nat-

riumchlorid und anschließendem Erhitzen erhielt er das damals sehr wertvolle Natriumcarbonat. 1861 meldete er darauf ein belgisches Patent an und gründete zusammen mit seinem Bruder Alfred 1861 die Firma *Solvay Cie*. in Charleroi bei Brüssel. Das Kohlendioxid wurde aus Kalkbrennöfen gewonnen (s.u.). Eine preiswerte Massenproduktion wurde aber erst etwa 10 Jahre später nach erheblichen technischen und finanziellen Schwierigkeiten möglich. Die Brüder vergaben Lizenzen und so entstand 1880 in Bernburg an der Saale das erste deutsche Sodawerk. Es wuchs einer der ersten internationalen Chemiekonzerne, der 1916 die Weltproduktion an Soda kontrollierte. Im heutigen Solvay-Konzern wird immer noch Soda produziert, die Produktpalette hat sich jedoch auch auf andere Grundstoffe der Chemie wie das Natriumhydrogencarbonat (Natron) und Wasserstoffperoxid sowie auch auf Kunststoffe und pharmazeutische Spezialitäten erweitert. Die Bedeutung des Solvay-Verfahrens liegt darin, dass mit zunehmender Industrialisierung seit dem 19. Jahrhundert die natürlichen Vorräte an Soda nicht mehr ausreichten. Das dem Solvay-Verfahren vorausgegangene Leblanc-Verfahren (aus Natriumsulfat, gewonnen aus Natriumchlorid und Schwefelsäure, über Zwischenstufen wie der Reduktion mit Kohle zu Natriumsulfid und dann Umsetzung mit Kalkstein) hatte zahlreiche Nachteile. Das Solvay-Verfahren erzeugt keine Neben(Abfall)produkte und auch das Ammoniak wird wieder in den Kreislauf zurückgeführt.

Bei der Gewinnung von Soda werden in eine gesättigte Natriumchlorid-Lösung Ammoniak (unter Kühlung) und dann Kohlendioxid (bei 50 °C) eingeleitet (Gleichungen 1 und 2). Durch *Calcinieren*, d.h. Erhitzen auf 170-180 °C, wird dann das dabei zunächst gebildete Natriumhydrogencarbonat (s. 2.3.1) in Natriumcarbonat umgewandelt, wobei Kohlendioxid frei gesetzt und in den Prozess zurückgeführt wird (Gleichung 3). Unter *Calcinieren* versteht man allgemein

die durch Erhitzen unter Abspaltung von Kohlendioxid ablaufende chemische Umwandlung fester Stoffe – insbesondere das „Brennen“ von Kalk (Calciumcarbonat), daher auch der Name. Kohlendioxid gewinnt man aus Calciumcarbonat bei Temperaturen über 900 °C (Gleichung 4). Und schließlich wird auch Ammoniak aus Ammoniumchlorid durch die Umsetzung mit dem aus dem Calciumcarbonat entstandenen Calciumoxid wieder zurückgewonnen (Gleichung 5).
Es laufen somit folgende Reaktionen ab, die sich am Ende zu einer Gesamtreaktion zusammenfassen lassen:

1. 2 NH_3 + 2 H_2O + 2 CO_2 → 2 NH_4HCO_3 (Ammoniumhydrogencarbonat)
2. 2 NH_4HCO_3 + 2 NaCl → 2 $NaHCO_3$ (Natron) + 2 NH_4Cl (Ammoniumchlorid = Salmiak)
3. 2 $NaHCO_3$ → Na_2CO_3 + H_2O + CO_2
4. $CaCO_3$ (Kalkstein) → CaO + CO_2
5. CaO + 2 NH_4Cl → 2 NH_3 + $CaCl_2$ + H_2O

2 NaCl + $CaCO_3$ → Na_2CO_3 + $CaCl_2$

Aus dem Gesamtprozess bleibt somit nur Calciumchlorid als „Abfallprodukt“ zurück.

„Meyers Großes Konversations-Lexikon. Ein Nachschlagewerk des allgemeinen Wissens“ (6. Aufl., 18. Band 1907) beschreibt das Verfahren sehr ausführlich und allgemeinverständlich wie folgt:

„Der **Ammoniaksodaprozeß** beruht darauf, daß eine konzentrierte Lösung von Chlornatrium mit doppeltkohlensaurem Ammoniak einen Niederschlag von doppeltkohlensaurem Natron und eine Lösung von Chlorammonium liefert. Da also hier das Kochsalz als Lösung zur Verwendung kommt, so erspart man an Orten mit einer starken natürlichen Sole die Kosten des Versiedens. Schwache Sole verstärkt man durch Kochsalz oder Steinsalz, indem man sie systematisch durch mehrere mit Salz gefüllte Kästen fließen läßt. Etwaige Kalk- und Magnesiasalze fällt man aus der Lösung durch kohlensaures Ammoniak. Die geklärte Kochsalzlösung wird meist in Kolonnenapparaten, wie sie bei der Spiritusdestillation zur Anwendung kommen, mit Ammoniak gesättigt; sie fließt auf die oberste Terrasse und von dort abwärts durch alle Abteilungen des Apparats, während das aus Chlorammonium entwickelte Ammoniak ihr von unten nach oben entgegenströmt. Da bei der Absorption des Ammoniaks Wärme frei wird, so umgibt man den unteren Teil des Apparats mit einem Mantel und kühlt mit Wasser. Das Ammoniak mindert die Löslichkeit des Chlornatriums in Wasser, man muß aber die wässerige Lösung des Salzes so stark machen, daß sie nach der Aufnahme des Ammoniaks gesättigt ist. Die Lösung fließt nun durch einen eigenartigen, automatisch wirkenden Druckkessel nach dem *Karbonisationsapparat*. Dieser besteht (*Fig. 6)* aus einem zylindrischen Turm A von 15 m Höhe, in dem fein durchlöcherte, kugelsegmentförmige Platten b und unter jeder dieser Platten ebene Platten c mit nur einem oder wenigen Löchern liegen. Während der Turm mit der ammoniakalischen Salzlösung gefüllt ist, tritt unten durch d Kohlensäure ein, die in einem Kalkofen gewonnen wird. Frische Salzlösung gelangt durch das Gefäß f in den Turm, das ausgeschiedene doppeltkohlensaure Natron lagert sich auf den Platten b ab, während die Löcher in den Platten c der Lösung den Durchtritt gestatten. In regelmäßigen Zwischenräumen wird unten aus der Kolonne ein Teil der Lösung abgelassen. Bei einem anderen Karbonisationsapparat sind drei schmiedeeiserne Zylinder mit konischem Unterteil zu einer Batterie vereinigt, die Kohlensäure tritt durch ein Rohr im Boden der Zylinder ein, durchströmt eine 2 m hohe Flüssigkeitsschicht und tritt dann in den zweiten und aus diesem in den dritten Zylinder. Bei der Absorption der Kohlensäure wird sehr viel Wärme frei, und man muß deshalb mit Wasser kühlen, hält aber die Temperatur auf einer gewissen Höhe, weil in der Kälte das Bikarbonat leicht durch Chlorammonium verunreinigt wird. Die aus dem Apparat austretenden Gase werden noch mit Wasser oder schwacher Sole und zuletzt mit verdünnter Schwefelsäure gewaschen, um die letzten Spuren von Ammoniak zurückzuhalten. Eine vollständige Umsetzung des Kochsalzes tritt niemals ein, vielmehr bildet sich in der Lauge ein Gleichgewichtszustand, wenn etwa zwei Drittel des Chlornatriums in Bikarbonat verwandelt sind. Das ausgeschiedene doppeltkohlensaure Natron wird auf Nutschapparaten von der Mutterlauge getrennt, durch Wasser möglichst vollständig ausgewaschen und dann in einer geschlossenen und von außen geheizten Thelenschen Pfanne in Soda verwandelt. Das in die Pfanne eingeführte Salz wird mechanisch von einem Ende derselben zum anderen geschaufelt, kommt dabei an immer heißere Stellen und wird schließlich ausgeworfen. Die entwickelte Kohlensäure, die auch etwas Ammoniak enthält, saugt man mit einer Pumpe ab und benutzt sie, da sie besonders hochprozentig ist, zur Karbonisierung fast fertiger Lauge. Aus der von dem doppeltkohlensaurem Ammoniak abgesaugten Mutterlauge, die im wesentlichen Chlorammonium enthält, und dem Waschwasser destilliert man die flüchtigen Ammoniakverbindungen ab und setzt dann Kalk zu, um auch das Ammoniak aus den nicht flüchtigen Ammoniaksalzen zu gewinnen. Als Rückstand bleibt eine Lösung von Chlorcalcium. (...)“

2.3.2 Natron

Die Gewinnung von Natriumhydrogencarbonat als Zwischenprodukte des in 2.3.1 beschriebenen Solvay-Prozesses ist wegen der Unreinheit nicht möglich bzw. wird normalerweise nicht angewendet.
Es lässt sich jedoch durch Umsetzung von gereinigter Natriumcarbonat-Lösung mit Kohlendioxid unter Kühlung in reiner, kristalliner Form gewinnen.

$Na_2CO_3 + CO_2 + H_2O \rightarrow 2\ NaHCO_3$

Durch Abfiltrieren wird aus der Lösung das ausgefallene (auskristallisierte) Natriumhydrogencarbonat gewonnen und dann vorsichtig getrocknet, damit es sich nicht wieder zersetzt. Höchste Reinheit ist hier die Forderung an den Prozess, um Natron als Speisenatron verwenden zu können.

3. Aus der Warenkunde

3.1 Im *„Neuestes Waaren-Lexikon für Handel und Industrie“* von 1870

Der Herausgeber Klemens *Merck* schrieb in seinem Vorwort (im Jahr der Gründung des Deutschen Reiches 1870) u.a. – zu lesen unter den Gesichtspunkten der Globalisierung und der Medien im 21. Jahrhundert:
„Die Verallgemeinerung nützlicher Kenntnisse und die leichtere Zugänglichkeit der hierzu dienlichen Belehrungsmittel gehört zu den erfreulichen Bestrebungen unserer Zeit. Zu dem Nützlichen und Wissenswerthen ist sicher auch die *Waarenkunde* zu zählen, und ihre Bedeutung ist in demselben Maße eine zunehmende, wie sich die Beziehungen des Handels und Völkerverkehrs bis zu den entlegensten Ländern der Erde ausbreiten, mehren und fester knüpfen, je mehr neue Werthobjecte der Welthandel uns unter die Hände bringt, je häufiger, fast könnte man sagen Tag für Tag, Wissenschaft, Erfindungsgeist und Industrie dem Waarenschatze neue, oft hoch interessante und wichtige Bereicherungen zuführen.

Die *Waarenkunde* umfaßt einen guten Theil der allgemeinen Stoffkunde, und wie viele große Erfolge verdanken wir nicht der bessern Kenntniß und Beherrschung des Stoffs! Sie schlägt ein in die Länder-, Völker- und Naturkunde, giebt Einblicke in den Verkehr und die vieltausendfältigen Beziehungen der menschlichen Gesellschaft, und ist hiernach in der That ein Gegenstand, der das Interesse auch des gebildeten Laien in Anspruch nimmt. Ganz nothwendig aber sind literarische Hülfsmittel und werden es immer mehr für Alle, deren ausgeübter oder noch zu ergreifender Beruf irgend welche Kenntniß von Waaren erfordert. Das wachsende Leben und Streben auf dem Gebiete des Handels und Wandels, das Auftauchen immer neuer Waaren am Markte, die durch die Gewerbefreiheit gewährte Leichtigkeit des Uebergangs von einem Fach zum andern geben dem Geschäftsmann vollen Anlaß sich auf dem Laufenden zu halten und die Grenzen seines Interesses nicht zu eng zu stecken…"

Im Abschnitt über „**Natrium, Natron, Soda** u.a." wird über Soda und Natron wie folgt berichtet (Auszug des umfangreichen Originaltextes):

„[…] – Von den zahlreichen *Natriumverbindungen* ist das *kohlensaure* Salz, die *Soda* (Natrum carbonicum), an erster Stelle zu nennen, da sie hauptsächlich den Ausgangspunkt für die übrigen Präparate bildet und bei den vielartigen, zum Theil massenhaften Verwendungen des Natrons, – es seien hier nur die beiden Artikel Glas und Seife genannt – fortwährend in gewaltigen Mengen beschafft werden muß. Dies ist möglich dadurch, daß man die Soda selbst erst fabricirt, was allein schon einen bedeutenden Industriezweig bildet. Auf dieser *künstlichen Soda* beruht gegenwärtig die ganze einschlägige Technik so vorwiegend, daß die frühern Gewinnungsweisen ganz zur Nebensache geworden sind und kaum noch bestehen [ausführlicher dazu in Kap. 1.3]. – […]

– Die Soda kann noch einmal so viel Kohlensäure aufnehmen als sie schon hat, und diese zweite Portion Säure läßt sich dem Salz leicht einverleiben, indem man dasselbe eine Zeit lang mit Kohlensäuregas in Berührung läßt, bis eine Probe die völlige Sättigung anzeigt. Man hat nun das *doppelt* oder *zweifach kohlensaure Natron* (Natrum bicarbonicum), eine bekannte Substanz durch ihren häufigen Gebrauch zur Herstellung von Sodawasser und andern moussirenden

Getränken, zu Brausepulvern, Magenpastillen u. dgl. Das populäre *Bullrich's Salz* ist nichts anderes als gewöhnliches doppeltkohlensaures Natron mit Glauber- und Kochsalzgehalt. Das Plus von Kohlensäure hat die stark laugenhaft schmeckende Soda zu einem milden, nur wenig säuerlichen, genießbaren Stoffe gemacht. Die Fabrikation dieses Artikels geht ebenfalls sehr ins Große. Man breitet dabei die Soda in Kammern auf Horden aus, die mit Leinen überspannt sind, und leitet einen Strom Kohlensäure hinein. Die Bindung derselben mit dem Salz geht sehr energisch von statten, die Masse erwärmt sich, wird sehr feucht und läßt Flüssigkeit abtropfen, da die krystallisirte Soda hierbei 9/10 ihres Wassergehaltes fahren läßt. (1) Das Wasser nimmt aber Salz in Lösung mit und das Abfließende ist daher eine brauchbare Sodalauge. Wenn statt lauter krystallisirter Soda ein Gemenge von solcher mit calcinirter angewandt wird, so geht die Umbildung trockener, ohne Ablauf von statten. (2) Da aber die letztere nie so rein ist wie jene, so wird auch das neue Salz auf diese Art nicht die beste Qualität erhalten. Das Salz bildet wasserhelle, tafelförmige Krystalle; der Luft ausgesetzt wird es undurchsichtig und verliert einen Theil seiner Kohlensäure. (3) Die Probe, ob es noch in gutem Zustande ist, wird so gemacht, daß man eine kalt bereitete Lösung derselben in eine solche mit Bittersalz gießt. Entsteht *kein* Niederschlag, so ist das Salz gut. (4)"

Die wichtigsten chemischen Reaktionen, die sich aus diesem Text ableiten lassen, sind:

(1) $Na_2CO_3 \times 10\ H_2O + CO_2 \rightarrow 2\ NaHCO_3 + 9\ H_2O$
(In den "9 H_2O" löst sich sowohl Natrium- als auch Natriumhydrogencarbonat und fließt als *brauchbare Sodalauge* ab.)
(2) $9\ Na_2CO_3 + Na_2CO_3 \times 10\ H_2O + 10\ CO_2 \rightarrow 20\ NaHCO_3$
(3) $2\ NaHCO_3 \rightarrow Na_2CO_3 + CO_2 + H_2O$
(4) $MgSO_4 + Na_2CO_3 \rightarrow MgCO_3\downarrow + Na_2SO_4$ (Nur Magnesiumcarbonat ist schwer löslich, das Hydrogencarbonat dagegen nicht – vergleiche dazu die sich gleich verhaltenden Calciumsalze.)

3.2 In „Merck's Warenlexikon" von 1920

50 Jahre später, 1920 – also kurz nach dem Zweiten Weltkrieg – erschien eine neue Auflage von ***„Merck's Warenlexikon für Handel, Industrie und Gewerbe"*** (7., völlig neu bearbeitete Auflage) – mit dem langen Untertitel „Beschreibung der im Handel vorkommenden Natur- und Kunsterzeugnisse unter besonderer Berücksichtigung der chemisch-technischen und anderer Fabrikate, der Drogen- und Farbwaren, der Kolonialwaren, der Landesprodukte, der Material- und Mineralwaren". Herausgeber waren der damalige Direktor des chemischen Untersuchungsamtes Prof. Dr. A. *Beythien* und der Drogist und gerichtliche Sachverständige für das Landgericht und Amtsgericht Dresden, Ernst Dreßler.
Der Name *Beythien* war bis in die zweite Hälfte des 20. Jahrhunderts bekannt – vor allem durch sein Lehrbuch „Einführung in die Lebensmittelchemie" (4. Auflage 1953) und sein „Laboratoriums-

handbuch für Lebensmittelchemiker" (6. Aufl. 1951). Adolf Carl Heinrich *Beythien* wurde am 29. Januar 1867 in Quakenbrück bei Osnabrück als Sohn eines Buchbindermeisters geboren, studierte in Göttingen von 1885 bis 1889. Das Thema seiner Doktorarbeit lautete „Untersuchungen über Raffinose", mit der Beythien am 3. Juni 1889 als Schüler von Bernhard *Tollens* (1841-1918; ab 1873 Leiter des agrikulturchemischen Laboratoriums der Universität Göttingen) promovierte. Danach war er in verschiedenen Fabriken und Versuchsstationen und im Chemischen Untersuchungsamt der Stadt Breslau tätig. Ab 1899 wirkte er als Direktor des Städtischen Chemischen Untersuchungsamtes Dresden, wurde 1910 zum Professor ernannt und war maßgeblich an der Weiterentwicklung des Lebensmittelrechtes in Deutschland im Reichsgesundheitsrat und auch als international anerkannter Sachverständiger am Ausbau der vorbeugenden Lebensmittelüberwachung tätig. Er starb am 6. Juni 1949 in Dresden.

Natron findet man in dieser Neuauflage des Merck'schen Warenlexikons unter dem Stichwort Natriumbikarbonat mit folgendem Text: „**Natriumbikarbonat** *(doppeltkohlensaures Natron*, lat. Natrium bicarbonicum, frz. Bicarbonate de soude, engl. Sodii bicarbonas), $NaHCO_3$, findet sich gelöst in dem Wasser zahlreicher alkalischer Säuerlinge und entsteht als Zwischenprodukt beim *Solvayschen* Ammoniaksodaprozeß. [s. Kap. 1.3] Dieses *Natrium bicarbonicum veneale seu technicum* kann aber wegen seines Gehaltes an *Ammonium-* und *Natriumkarbonat* nur für technische Zwecke benutzt werden. Die Darstellung des *reinen* N. erfolgt in der Weise, daß man Soda in konzentrierter wäßriger Lösung mit Kohlensäure sättigt, worauf das schwerer lösliche Bikarbonat auskristallisiert. Oder man behandelt Soda mit Kohlensäure und Wasserdampf bei 80°, wäscht das Salz nach der Entfernung der Mutterlauge und trocknet es bei gelinder Wärme im Kohlensäurestrom. Das N. erscheint im Handel in Form kleiner farbloser Kristalle oder weißer kristallinischer Krusten vom spez. Gew. 2,220. Es besitzt einen sehr schwachen alkalischen Geschmack und löst sich in 12-13 Teilen kaltem Wasser, aber nicht in Alkohol. Das Salz enthält 52,4 % Kohlensäure, die aber schon bei gewöhnlicher Temperatur teilweise entweicht. Beim Erhitzen auf 300-400° C hinterbleibt Natriummonokarbonat (Soda). Zur Vermeidung von Zersetzungen muß es daher vor feuchter Luft geschützt und kühl aufbewahrt werden. Das *reine* N. dient in der Pharmazie zur Herstellung von Magenpulvern gegen Säure sowie von Mund- und Gurgelwässern, zu Inhalationen bei Erkrankungen der Atmungsorgane, gegen Harnsäure, Gicht und Rheumatismus, als Bestandteil des Brausepulvers, zur Herstellung von Backpulver usw. Das *technische* Salz findet Anwendung zum Entschälen der Seide und zum Waschen der Wolle."

Die Hinweise auf die Anwendung von Natron in der Zeit nach dem Ersten Weltkrieg geben Anlass, sich im folgenden Kapitel mit den Darstellungen zum Natron im *Drogisten-Handbuch* zu beschäftigen, in dem darüber nähere Informationen zu finden sind.

3.3 Das „Bicarbonicum" der Drogisten

Zwei Dozenten der damaligen Drogistenakademie in Braunschweig verfassten um 1926 ein zweibändiges „Lehr- und Nachschlagebuch für Drogisten und Apotheker" – DER DROGIST. Prof. Dr. Eduard *Freise* (1849-1927) war der Gründer und ehemalige Direktor der Drogistenakademie, Dr. Friedrich von *Morgenstern* war Dozent und seine Nachkommen betreiben in den historischen Gebäuden in der Freisestraße die Chemieschulen Dr. von Morgenstern (gegründet 1913) bis heute.

Unter dem Stichwort „**Doppeltkohlensaures Natron**" sind u.a. folgende warenkundliche und zeitbezogenen Informationen zu finden: „Das doppeltkohlensaure Natron ist heute eines der wichtigsten Arzneimittel, gehört aber auch zu den technischen Artikeln und zu den Genußmitteln [!]. Es wurde von Valentin Rose entdeckt, auch findet es sich in großen Mengen in verschiedenen Mineralwässern, so namentlich in dem Wasser von Vichy."
Über Valentin *Rose* (1762-1807) berichtet die „Deutsche Apotheker-Biographie" (Herausgeber W.-H. Hein und H.-D. Schwarz, 1978). Nach Lehrjahren in Frankfurt am Main (ab 1778) erhielt der Sohn des Berliner Apothekers gleichen Namens 1782 seinen Lehrbrief und studierte dann in Berlin u.a. bei dem bedeutenden Apotheker und Chemiker Martin Heinrich *Klaproth* (1743-1817), der bis 1780 die väterliche Apotheke der Roses „Zum weißen Schwan" geführt hatte und bis 1800 die von ihm erworbene „Bär-Apotheke" zu einer der angesehensten Apotheken Berlins ausbaute. Klaproth wurde 1800 Chemiker der Akademie der Wissenschaften in Berlin und 1810 Professor für Chemie an der neugegründeten Universität, war zuvor schon Dozent bzw. Professor der Chemie an der Artillerieschule, am Collegium medico-chirurgicum und am Berg- und Hütteninstitut (s. auch in Kap. 1.2). Nach Wanderjahren übernahm er 1792 die Apotheke seines Vaters. Valentin Rose wird in der „Deutschen Apotheker-Biographie" mit dem Jahr 1801 als Entdecker des doppeltkohlensauren Natrons genannt.

Vichy, die Stadt im heutigen Department Allier in der nördlichen Auvergne, ist das bedeutendste Heilbad Frankreichs, dessen zwölf

Heilquellen – Natriumhydrogencarbonatwässer mit Temperaturen zwischen 17 und 66 °C – gegen Darm- und Leberleiden angewendet werden. Viele Gebäude des Badeortes stammen noch aus dem 19. Jahrhundert – so die Trinkhalle, die Wandelgänge, das Grande Casino und Villen mit exotischen Gärten. Vichy wurde wegen der warmen Heilquellen schon von den Römern gegründet. In den Ruinen aus der Völkerwanderungszeit entstand im 11. Jahrhundert ein Kloster, um das sich die Stadt entwickelte, in der die Quellen seit Anfang des 17. Jahrhunderts wieder genutzt wurden.

Im Handbuch DER DROGIST wird die Zusammensetzung des *Vichysalzes* im Zusammenhang mit dem *doppeltkohlensaurem Natron* genannt:
„Vichysalz. Natr. bicarb. 10,0. Natr. chlorat. [NaCl] 0,2. Calc. chlorat. [$CaCl_2$] Natr. sulfuric. sicc. [Na_2SO_4] je 0,5. Magnesia sulfuric. sicc. [$MgSO_4$] 0,15. Ferr. sulfuric. cryst. [$FeSO_4 \cdot 7\ H_2O$] 0,01. Dieses Salz ist in Gläsern abgefaßt vorrätig zu halten und mit folgender Gebrauchsanweisung zu versehen:
Vichysalz. Vorzüglichstes Mittel gegen vielerlei Magen- und Blasenleiden, Leberkrankheiten usw.
Gebrauchsanweisung: Man löse 1 Eßlöffel voll dieses Salzes in ½ Liter Wasser und trinke diese Portion des Morgens auf nüchternen Magen lauwarm. Ein Zusatz von Zucker oder Kirschsaft ist statthaft, Himbeer- oder Zitronensaft darf nicht zugesetzt werden.“

Nach einer ausführlichen „Darstellung dieses Präparates“ (s. dazu in Kap. 2.3.2) folgen Angaben zu den „Handelssorten“:
„Je nach dem Grade der Reinheit unterscheidet man verschiedene Sorten von doppeltkohlensaurem Natron: 1. Das gewöhnliche oder englische, welches als ein rohes doppeltkohlensaures Natron anzusehen ist; dasselbe hat einen unangenehmen laugenhaften Ge-

schmack [d.h. es enthielt auch Natriumcarbonat = Soda]. Diese Sorte wird aber auch in Deutschland fabriziert. 2. Das reine oder deutsche Natron, eine bedeutend bessere, namentlich auch weißere und trockenere Sorte als die vorige. 3. Das chemisch reine. Die erste Sorte ist das ursprüngliche Bullrichsche Salz, also ein recht unreines doppeltkohlensaures Natrium, welches man einem Menschen kaum eingeben mag. Die zweite Sorte ist gut und wird gewöhnlich im Handverkauf verabfolgt und auch zu Mineralwässern verarbeitet."

Die Rezepte für die beiden genannten Pastillen (Vichy-Pastillen s. o.) sind ebenfalls im Handbuch DER DROGIST zu finden:
„Biliner Pastillen. Pastillen im Gewichte von je 1 g, bestehend aus 1 Teil Natr. bicarbon. und 9 Teilen Zucker. Dieselben sollen mit und ohne aromatische Zusätze im Handel vorkommen. (...) Es werden diese Pastillen von Bilin aus als ‚echte' Biliner Pastillen, außerdem aber auch von vielen anderen Orten aus als ‚künstliche' in den Handel gebracht. Sie werden als ein die Magentätigkeit anregendes Mittel gebraucht und sind zu diesem Zwecke jedenfalls sehr zu empfehlen."

Bilin (tschech. Bilina) ist ein Kurort in Nordböhmen am Rande des Böhmischen Mittelgebirges – bekannt durch seinen Biliner Sauerbrunnen, der noch heute im Handel ist. Bereits 1788 veröffentlichte dem Biliner Badearzt Franz Ambrosius *Reuß* (1761-1830) seine ausführliche „Naturgeschichte der Biliner Sauerbrunnen" (erschienen in Prag). Es weist einen hohen Kohlenstoffioxidgehalt (1991 mg/l) neben dem Natriumhydrogencarbonat (Natrium: 1792 und Hydrogencarbonat: 4482 mg/l) auf und wird als natürlicher alkalischer Hydrogencarbonatbrunnen (und als Heilwasser) mit hoher Mineralstoffkonzentration (5-7 g/l) bezeichnet. Bereits Goethe und Alexander von Humboldt besuchten Bilin (Goethe von Teplitz aus 1810,

1812 und 1813) mit seinem barocken Lobkowitz-Schloss (erbaut 1675 bis 1682 – heute Museum).

Im Handbuch DER DROGIST wird anschließend ausführlich über die damaligen Anwendungen berichtet:

„A n w e n d u n g: Das doppelkohlensaure Natron ist das vorzüglichste säuretilgende Mittel, es wird daher mit stetes unfehlbarem Erfolge angewendet bei Magensäure und Sodbrennen; in diesem Falle läßt man eine Messerspitze voll mit etwas lauwarmem Wasser nehmen. Es ist wesentlich, daß das Wasser nicht zu heiß sei, denn in der Wärme wird ein Teil der Kohlensäure ausgetrieben, und wenn man eine Natriumbikarbonatlösung zu haben glaubt, so hat man in Wirklichkeit nur eine Sodalösung, und diese eignet sich nicht gut zum Einnehmen, da sie immerhin etwas ätzend wirkt. Die Lösung darf aber auch nicht zu kalt sein, da sie sonst eine Erkältung des Magens veranlassen könnte. Ferner ist das Natron ein ausgezeichnetes Mittel zur Beförderung der Verdauung. Es wirkt hier auflösend auf die Speisen ein, man benutzt es daher nach dem Genuß mancher schwer verdaulichen Speisen, wie Hülsenfrüchten, Kohl, fettem Fleisch usw.; man setzt den Hülsenfrüchten sogar, um sie weicher zu kochen, – mit anderen Worten, um sie in einen Zustand zu bringen, in dem sie sich leichter zerkleinern, mithin auch leichter verdauen lassen – etwas Natron beim Kochen zu. Allerdings kann man hier dasselbe durch Zusatz von Soda erreichen, denn die Kohlensäure im *doppelt*kohlensauren Natron wird ja doch teilweise durch das Kochen ausgetrieben, so daß tatsächlich nichts weiter übrig bleibt als Soda. Ferner wird das doppeltkohlensaure Natron als ein harntreibendes und steinlösendes Mittel angewendet. In diesem Fallen muß es allerdings längere Zeit gebraucht werden. Es ist empfehlenswert, es messerspitzenweise des Morgens auf nüchternen Magen und in viel Wasser gelöst zu nehmen. Es empfiehlt sich, in diesem Falle die Wirkung des Natrons durch die Wirkung einiger anderer Salze zu unterstützen, und derartige Mischungen finden wir in verschiedenen Mineralwassersalzen. Das Einnehmen von Natron in Mengen von 1 Teelöffel voll und womöglich noch mehr ist nur in Ausnahmefällen, z. B. bei Sodbrennen, statthaft, dann aber allerdings auch sehr zu empfehlen. Macht man längere Kuren mit Natron, so nehme man es nur in Mengen von etwa einer kleinen Messerspitze voll und dann stets in viel Wasser gelöst.

Das doppeltkohlensaure Natron ist einer von denjenigen Artikeln, den man im Drogengeschäfte entschieden abgefaßt vorrätig halten muß. Selbstverständlich ist es empfehlenswert, dasselbe dann auch mit einer ausführlichen Gebrauchsanweisung zu versehen und da würde sich z. B. die folgende empfehlen:

Reines doppelkohlensaures Natron

Dieses vielseitig verwendbare Hausmittel sollte in jedem Haushalte stets vorrätig gehalten werden, da es durch seine außerordentliche Vielseitigkeit zu einem Universalmittel ersten Ranges eignet. Dasselbe wird angewendet:

1. *Als Arzneimittel* gegen Verdauungsschwäche, Blähsucht, Sodbrennen, Uebelkeit, Kopfschmerzen, Harnbeschwerden, Steinleiden.
2. *Im Haushalte* zum Weichkochen von Hülsenfrüchten (Bohnen, Erbsen, Linsen), denen man nur eine Messerspitze voll dieses Salzes zuzusetzen braucht, um sie schneller und leichter weich zu kochen.
3. *Als Genußmittel* namentlich zum Löschen des Durstes, indem man dasselbe (½ Teelöffel voll) in einem Wasserglas voll Wasser löst und dann ¼ Teelöffel voll Weinsteinsäure zusetzt.

4. *Als Tierheilmittel*, indem es bei blauer und bitterer Milch, sowie wenn die Milch leicht sauer wird, vorzüglich zu verwenden ist. Man gibt in letzterem Falle den Kühen täglich 2mal einen Eßlöffel voll ins Saufen.
   Menschen nehmen nur eine kleine Messerspitze voll.

Gewarnt muss werden vor dem Gebrauche eines unreinen Natrons."

3.4 Natron zum Kochen in den *Hauswirtschaftlichen Briefen* des Chemikers Runge

Der Professor der Gewerbekunde in Oranienburg, Friedlieb Ferdinand RUNGE (1795-1867), veröffentliche 1866 sechsunddreißig hauswirtschaftliche Briefe, in denen er praktische Tipps zur Anwendung chemischer Kenntnisse im Haushalt. Runge wurde als Sohn eines Pastors in Billwerder südlich von Hamburg geboren, ging von 1810 in die Apothekenlehre in Lübeck und studierte von 1816 bis 1819 Medizin in Berlin, Göttingen und Jena, wo er mit einer pflanzenchemischen Arbeit am 21. Mai 1819 zum Dr. med. promovierte. In Berlin isolierte er das Coffein aus Kaffeebohnen und das Chinin aus der Chinarinde und erlangte dort an der Universität die philosophische Doktorwürde am 14. Juni 1822.

Zweiunddreissigster Brief.
Vom zweifach-kohlensauren Natron in seinen Beziehungen zum Hauswesen.
(Alte Erbsen jung zu machen: dumme Vorschrift. – Trockene Erbsen weich zu kochen: kluge Vorschrift. – Weiße Bohnen, graue Erbsen,

Linsen und Gartenbohnen weich zu kochen. – Schlechte Rathschläge und gewissenslose Haushaltungsverbesserer.)
In den verschiedensten Zeitungen und Wochenblättern machte vor einiger Zeit der folgende Vorschlag die Runde, ohne daß sich auch nur eine Seele fand, die ihn gebührend beurtheilt hätte.
Zubereitung der Erbsen.

„Es ist bekannt, daß gelbe Erbsen unter den Nahrungsmitteln, welche die meisten Nährstoffe enthalten, einen sehr hohen Rang einnehmen; ihre Analyse zeigt, daß sie bedeutend mehr Nahrungsstoff besitzen, als selbst Getreide. Aber ihr nicht allgemein beliebter Geschmack macht, daß sie als Nahrungsmittel nicht so sehr verbreitet sind, als ihre sonstigen Eigenschaften es verdienen. Sämereien, die stark mehlhaltig sind, verwandeln bekanntlich im Augenblick des Keimens ihren Mehlgehalt zum großen Theil in Zuckerstoff, weshalb man das Getreide zur Bereitung von Bier und Branntwein dieser Operation (dem sogenannten Malzen) unterwirft. Legt man nun die zum Kochen bestimmten Erbsen 12 bis 18 Stunden in lauwarmes Wasser, schüttet das Wasser dann ab und läßt sie auf einem Haufen 24 Stunden liegen, so wird man das Hervorkommen der Keime bemerken; in diesem Augenblick hat die Bildung des Zuckerstoffs seine größte Entwicklung erreicht. Werden die Erbsen nun gekocht, so haben sie einen Geschmack von *grünen Erbsen ähnlich* und bilden eine sehr angenehme Speise.“

Diese Vorschrift hat ein großes Ziel: *alte Erbsen jung zu machen!* Wenn es gelänge, dasselbe zu erreichen, welch‘ herrliche Aussichten für andere *Jungmachereien!* Es käme am Ende noch dahin, daß die bisher fabelhafte *„Weibermühle“*, die Herr Kühn in Neu-Ruppin so oft abgebildet hat, eine Wahrheit würde. Um hierzu etwas Gründliches beizutragen, hielt ich mich zu einer genauen Prüfung und womöglich Bestätigung der obigen Angaben verpflichtet.

[Es handelt sich um die im 19. Jahrhundert sehr bekannten und berühmten Ruppiner Bilderbögen des Buchdruckers Bernhard Kühn, der von 1750 bis 1826 in Neuruppin lebte. Die ersten Bilderbögen, von Holzschnitten gedruckt, erschienen schon vor 1800. Sein Sohn Gustav Kühn (1794-1868) entwickelte die Firma seines Vaters zu einem Verlag, der bis 1939 bestand. In seinen „Wanderungen durch die Mark Brandenburg schrieb Theodor Fontane im Band 1 u.a.: *...was ist der Ruhm der Times gegen die zivilsatorische Aufgabe des „Ruppiner Bilderbogens“? (...) Sie sind der dünne Faden, durch den weite Strecken unsrer eignen Heimat, litauische Dörfer und masurische Hütten und Weiler mit der Welt da draußen zusammenhängen.*] (Runge schrieb dann weiter:)

Demzufolge wurde die genaue Befolgung der vielversprechenden Vorschrift sorgsamer weiblicher Obhut anvertraut. Nach drei Tagen standen die *junggemachten* Erbsen auf meinem Tisch und eine Zwiebeltunke daneben. – „Warum ist die Tunke, die so herrlich duftet, nicht darauf?“ fragte ich meinen weiblichen Jungmacher. – „Das würde wohl Verschwendung sein, kosten Sie erst, dann werden Sie sehen, daß ich recht gethan und die Tunke für andere *alte, ehrliche Erbsen*, die Sie morgen bekommen sollen, aufbewahrt habe.“

Ich kostete – kostete mit feiner Kennerzunge und fand zu meinem Leidwesen, daß die Bemerkung richtig war. Die Tunke wäre verloren gewesen, denn die Erbsen waren *ganz ungenießbar*. Obgleich reines Havelwasser zum Aufquellen behufs des Keimens und Kochens genommen worden, waren sie hart: der Kern (die Samenlappen) sandig auf der Zunge und die Hülle *lederartig*.

Dies Ergebniß war mir sehr verdrießlich, denn der Gedanke, welcher die Vorschrift beseelt, scheint auf den ersten Blick so übel nicht und ladet zur Nachfolge ein. Als ich sie noch einmal durchlese, macht mich der Satz stutzig: daß das *„Hervorkommen* der Keime" der Augenblick sei, wo die Erbsen gekocht werden müßten.

Dieser Augenblick war bei mir versäumt worden. Die Erbsen vor mir hatten Wurzelkeime von wenigstens ½ Zoll. Daran konnte das Mißglücken des ganzen Versuchs liegen. Er mußte also mit mehr Umsicht wiederholt werden. Wie gesagt, so geschehen. Aber das Gericht war nicht besser, und es stellte sich bei noch zwei Versuchen heraus, daß der Keimvorgang *entschieden schädlich* wirkt und zunächst die Folge hat, daß die Erbse die Fähigkeit *verliert*, *sich weich kochen zu lassen*, und zwar, je länger die Keime geworden, desto mehr. Dies beginnt schon, sobald die Keime sichtbar werden, und es ist *durchaus unwahr*, wenn die Vorschrift behauptet: „Diese (gekeimten) Erbsen haben einen Geschmack *„den grünen Erbsen ähnlich"* und bilden eine sehr angenehme Speise".

Wo die Gewissenlosigkeit herkommt, solche bestimmte Behauptungen auszusprechen, ohne jegliche vorherige gründliche Probe (nämlich Keimenlassen, Kochen und Essen), ist mir ein Räthsel; denn daß der Mann die Hausfrauen und die Erbsenesser zum Narren haben wollte, kann ich unmöglich voraussetzen.

Wahrscheinlich ist die lebhafte Einbildungskraft des Herrn an allem Schuld. Die höchst merkwürdige Veränderung, welche das Getreide, z. B. Gerste, beim Keimen (Malzen) erleidet und die man wohl als eine Stoffveredelung betrachten kann (da in Folge derselben aus Stärke Zucker wird), hat ihn veranlaßt, von der Erbse unter gleichen Umständen das Gleiche zu erwarten.

3.5 Aus der Firmengeschichte des Unternehmens HOLSTE

Bereits 1825 bestand unter dem Namen *Arnold Holste* an der Welle 45 in der Altstadt von Bielefeld ein Handelsgeschäft für Lebensmittel und Getränke – *en gros und en detail*. Bekannt wurde es durch den Vertrieb des aus Italien importierten Lucca-Öls – ein Olivenöl der Spitzenklasse. Im Haus an der Welle 45 wurden das Olivenöl und verschiedene Getränke aus Fässern in Flaschen und Blechkanister umgefüllt.

Das hohe Ansehen des Lucca-Öls (Lucca: Stadt in der nördlichen Toscana) geben die Dankschreiben u.a. aus adeligen Häusern wieder - Beispiel:

Seit Jahren brauche ich das Oliven=Oel ***„Holste's Lucca=Oel"*** *der Firma Arnold Holste Wwe. in Bielefeld und bestätige derselben mit Freuden, daß ich mir nie Besseres wünsche und seitdem ich dasselbe kenne, die direkten Sendungen aus Nizza, als überflüssig, aufgegeben habe.*

Schloß Herten
bei Recklingen in Westfalen
10. Januar 1889.

Gräfin von Droste=Nesselrode.

Am 5. Februar 1886 ließ *Johanna Holste* das Unternehmen als *Firma Arnold Holste Wwe.* in das Handelsregister eintragen und übergab die Geschäftsführung ihrem Sohn. Um 1890 erlebte die Bielefelder Wäscheindustrie eine rasche Entwicklung, woraus sich ein zunehmender Bedarf an Wäschestärke und Appreturmittel ergab. Und so wuchs am Ende des 19. Jahrhunderts das Unternehmen durch einen eigenen Wäschereibedarfs-Großhandel - es entstand eine Stärke-Fabrik durch August Holste, den Enkel des Firmengründers. Am Bach

46 erwarb August Holste weitere Geschäftsräume und stellte bei zunehmender Nachfrage nach Kleinpackungen für Haushalte auch Glanzstärke in Beuteln von 50 bis 1000 g her – als „Bielefelder Glanzstärke für Bielefelder Wäsche", die in ganz Deutschland bekannt wurde. 1897 wurde der Warenzeichenschutz für das Wort HOLSTE erteilt.

Als dann um 1890 das Produkt *Kaiser-Natron* hinzukam, wurden die Geschäfts- und Fabrikationsräume in der Bielefelder Altstadt zu klein. August Holste und sein Schwiegersohn Erich Neumann-Holste (verheiratet mit der Tochter Emmi von August Holste – Inhaber bis 1956) ließen an der Sudbrackstraße ein Fabrikationsgebäude errichten, in dem 1907 der Betrieb aufgenommen wurde, dem jetzigen Stammsitz – mit Erweiterungsbauten aus den Jahre 1925, 1926 und 1936.
Speisenatron – zu Beginn der Produktion noch als Natriumbikarbonat oder doppeltkohlensaures Natrium, heute als Natriumhydrogencarbonat bezeichnet, wurde unter dem Namen KAISER-NATRON als Speisenatron bekannt. August Holste verfolgte bereits damals das Ziel, es als *Markenartikel*, als hochwertiges, hoch reines Produkt anzubieten. Er gehörte auch zu den Gründern des Markenverbandes – zusammen mit Firmen wie Henkel in Düsseldorf, Oetker in Bielefeld und Lingner in Dresden. Der *Markenverband* wurde 1903 in Berlin gegründet und er vertritt bis heute die Interessen der markenorientierten Wirtschaft mit etwa 400 Mitgliedern. Karl August *Lingner* (1861-1916) schuf das Dresdener Unternehmen mit dem bekannt Markenartikel Odol. Er ging als Mitbegründer der Marken-

artikelindustrie und der modernen Werbung in die allgemeine Industriegeschichte ein. Um den Gedanken des *Markenartikels* durchsetzen zu können, wurden intensiv alle Möglichkeiten der Werbung ausgeschöpft. In den 1930er Jahren setzte man in den Kinos auch einen *Ufa*-Werbefilm für KAISER-NATRON ein. 1936 wurde die Gustav Rhodius GmbH in Burgbrohl in der Eifel übernommen, wo aus der dort gewonnenen Quellkohlensäure (Kohlendioxid) Natrium-

4. Praktische Anwendungen mit Theorie

4.1 Natron

(Aus: Das kleine KAISER NATRON ABC. Für Küche, Haus und Reise, HOLSTE/Bielefeld)

Die allgemeinen Eigenschaften von NATRON lassen sich für den täglichen Gebrauch wie folgt zusammenfassen:

- Es bindet und neutralisiert Säuren, wobei Kohlendioxid als Gas freigesetzt wird und neutrale Salze entstehen.
- In kalkhaltigem Wasser fällt es durch den Anteil an Carbonat-Ionen, die im Gleichgewicht mit den Hydrogencarbonat-Ionen vorliegen, die Härte-bildenden Calcium-Ionen. ($HCO_3^- + H_2O \leftrightarrow CO_3^{2-} + H_3O^+$)
- Bei Erhitzen von Wasser verschiebt sich dieses Gleichgewicht weitgehend zum Carbonat-Ion – unter Abspaltung von Kohlendioxid und Wasser. ($2\ HCO_3^- \rightarrow CO_3^{2-} + CO_2 + H_2O$) Carbonat-Ionen reagieren dann im Wasser auch alkalisch. ($CO_3^{2-} + H_2O \leftrightarrow HCO_3^- + OH^-$) So können in heißem Wasser nicht nur die Härtebildner gefällt sondern auch aus Cellulose bestehende Pflanzenteile (Gemüse) aufgeschlossen und schneller weich werden. Hülsenfrüchte würden mit Calcium-Ionen auch Calcumpektinat bilden („harte Schale“ – s. auch in 3.4).

Die TIPPS im zitierten ABC werden nach der Wirkung in den folgenden Abschnitten zusammengefasst und erläutert (kursiv: Originaltext aus dem ABC der Fa. HOLSTE)

4.1.1 Obst- und Gemüsezubereitung

Durch den Zusatz von NATRON beim ***Blanchieren von grünem Blattgemüse*** bleibt die grüne Farbe bei Kohlarten und Spinat erhalten (TIPP: *Beim Kochen 1 Teelöffel KAISER NATRON zugeben.*)

Die Wirkung besteht darin, dass Säuren, die beim Erhitzen zu einem Abbau des Chlorophylls führen würden, neutralisiert werden.
Die gleiche Wirkung hat der Zusatz von NATRON beim *Dämpfen von grünen Bohnen*, wenn dem Salzwasser eine Messerspitze KAISER NATRON zugegeben wird.

Für ***Hülsenfrüchte*** lautet die Empfehlung: *Geben Sie einen Teelöffel KAISER NATRON auf einen Liter Kochwasser, dadurch werden Hülsenfrüchte schneller weich und bekömmlicher.*
Hier ist neben der genannten Wirkung auch die Enthärtung des Kochwassers wichtig, da sich die Pektine in der Schale der Hülsenfrüchte mit den Calcium-Ionen im Wasser zu unlöslichen (harten) Calciumpektinaten (Salzen) umsetzen würden. Darüber hinaus wirken die beim Kochen aus Hydrogencarbonat-Ionen gebildeten Carbonat-Ionen alkalisch (s.o.) und können so die Cellulosemoleküle „aufschließen“ (d.h. zum Teil abbauen) und damit zum Weichwerden beitragen.

Auch für ***Kohl*** gilt: *Einen Teelöffel KAISER NATRON auf einen Liter Kochwasser geben. So kocht der Kohl schneller weich, die Vitamine werden geschont, der strenge Geruch gemildert. Die grüne Farbe bleibt erhalten.* ***Nicht bei Rotkohl anwenden****, hier etwas Essig zugeben.*
Rotkohl würde seine Farbe nach Blau verändert (aufgrund des Gehaltes an Anthocyanen. Vitamine können zum Teil ebenfalls in saurer Lösung zerstört werden. Der Geruch ist auf vor allem auf flüchtige organische Verbindungen zurückzuführen, die durch Natron als Natriumverbindungen gebunden werden und im Kochwasser verbleiben.

Für ***Obst*** wird empfohlen: *Stark saure Früchte, z. B. Johannisbeeren, Stachelbeeren, Pflaumen, Rhabarber werden im Geschmack angenehm abgerundet und bekömmlicher. Außerdem sparen Sie Zucker und damit Kalorien. Eine Messerspitze KAISER NATRON auf 1 kg Früchte.*

Die Säuren werden als Natriumsalze neutralisiert – und damit schmecken sie weniger sauer, man kann den Zuckerzusatz (zu Überdeckung des sauren Geschmacks) verringern.

Beim ***Salat*** wird noch eine weitere Wirkung genannt: *Dem Waschwasser 1 Teelöffel KAISER NATRON auf 1 Liter Wasser zugeben. So werden Salat und alle Gemüse sauberer.*

Durch die Erhöhung des Elektrolyt(Salz)gehaltes im Waschwasser, lösen sich anhaftende Schmutzteilchen leichter ab.

4.1.2 Entfernung übler Gerüche

„Üble Gerüche“ werden häufige durch flüchtige Säuren hervorgerufen. Am bekanntesten ist wohl die Buttersäure, die sogar aus den Samen der weiblichen Ginkgo-Bäume zu erheblichen Geruchsbelästigungen in der Natur führt. Durch die Verwendung von NATRON werden solche Naturstoffe als Salze gebunden, die dadurch ihre Flüchtigkeit in die Luft verloren haben und sich im Wasser lösen, ohne übel zu riechen (Salzsäure riecht stechend, ihr Natriumsalz, das Natriumchlorid dagegen ist geruchlos).

Das ABC zum NATRON beginnt daher auch mit dem Tipp

Aschenbecher desodorieren: *Etwas KAISER NATRON auf den Boden des leeren Aschenbechers streuen. Auch bei Schleuderaschenbechern anwendbar.*

Im Zigarettenrauch sind vor allem die sogenannten aromatischen Phenole geruchsaktiv, sie bleiben auch an der Asche haften und können langsam an die Luft abgegeben werden. Durch Natron wer-

den sie als Salze (Natriumphenolate) gebunden und riechen dann nicht mehr bzw. können nicht mehr in die Luft gelangen.
In ***Babyflaschen, Milchgeschirren, Sahnespendern*** verschwindet *der unangenehme und säuerliche Geruch durch das Spülen mit einer KAISER NATRON-Lösung:*
2 bis 3 Teelöffel in das heiße Spülwasser.

Aus den Resten von Milch können flüchtige Fettsäuren (aus dem Milchfett) freigesetzt werden, wie Essig- oder Buttersäure, aus dem Milcheiweiß auch flüchtige schwefelhaltige Substanzen. Sie werden durch Natron ebenfalls als Salze gebunden.

Bei **Gerüchen allgemein** lautet der Tipp:
Fisch- und Zwiebelgerüche verschwinden schnell von Geschirr und Händen, wenn man dem Abwaschwasser etwas KAISER NATRON zusetzt, besonders bei Holzbrettchen und Holzlöffeln.

Diese speziellen Gerüche werden meist durch schwefelhaltige Naturstoffe hervorgerufen, da sie sich (wie der Schwefelwasserstoff) als Salze (Sulfide) binden und im Geruch unwirksam machen lassen.
Das Gleiche gilt für die Tipps zu
Geschirrspülmaschinen
(Nach dem Ausräumen der Maschine einen Eßlöffel KAISER NATRON auf den Boden streuen.) und ***Kühlschrank*** *desodorieren*
(Unangenehme Gerüche werden von KAISER NATRON aufgesogen. 50 g (1 Beutel) auf eine Untertasse streuen und in den Kühlschrank stellen. Nach einiger Zeit auswechseln.
Das gebrauchte KAISER NATRON in den Abfluss streuen, es hilft auch dort Gerüche zu vermeiden.)

Für **Thermosflaschen** und **-kannen** gilt:
Ein halber Liter heißes Wasser mit 2-3 Teelöffeln KAISER NATRON beseitigt den muffigen Geruch. Lösung einige Zeit einwirken lassen.
Und auch für die **Zahnpflege** gilt die gleiche *Wirkung (Neutralisation von Säuren im Hinblick auf Kariesbildung, speziell auch geruchsbildender):*
KAISER NATRON neutralisiert saure Speisereste zwischen den Zähnen, so dass dadurch keine Karies mehr entstehen kann.
Es beseitigt Mundgeruch, und Zahnprothesen verlieren den unangenehmen Geruch und Geschmack.
1 Teelöffel KAISER NATRON auf 1 Glas Wasser geben und kräftig damit spülen und gurgeln.
Zahnprothesen über Nacht in der Lösung aufbewahren.

Auch für **Teppiche** gibt es einen Tipp:
Unangenehmer Geruch auf Teppichen, z. B. durch Haustiere, wird durch Aufstreuen von KAISER NATRON beseitigt.
Einige Zeit einwirken lassen, dann absaugen.
Der Teppich muss absolut trocken sein.

Bei unangenehmen Gerüchen durch **Haustiere im Zimmer** wird empfohlen:
Unangenehme Geruchsbildung tritt erst viel später auf, wenn unter der Streu im Hamster-, Kaninchen- oder Meerschweinchenkäfig oder in der Katzentoilette ein Beutel KAISER NATRON verstreut wird.

Bei **Schweißfüßen** wird empfohlen:
Morgens etwas KAISER NATRON in die Schuhe streuen.
Nach jedem Tragen entfernen.
Zusätzlich die Füße oft in KAISER NATRON baden.

Schweißstrümpfe: *Dem letzten Spülwasser einen Esslöffel KAISER NATRON zugeben.*

Schweiß enthält flüchtige organische Säure, auch schwefelhaltige flüchtige Verbindungen, die alle neutralisiert werden und somit nicht mehr geruchlich wahrgenommen werden.

4.1.3 Enthärten und Weichkochen

Rezepte dazu sind bereits im Abschnitt 4.1.1 beschrieben. Grundsätzlich ist die Wirkung von Natron hier auf die Ausfällung von Calcium-Ionen als Calciumcarbonat zurückzuführen. Denn Calcium-Ionen reagieren mit dem Pektin in den Zellwänden von Obst und Gemüse zu den unlöslichen Pektinaten, die das pflanzliche Gewebe verfestigen. Zusätzlich hat die Entstehung einer (soda-)alkalischer Lösung (durch die Umsetzung von Carbonat-Ionen mit Wasser, die Wirkung von Soda) den Effekt, das pflanzliche Substanzen wie Pektine aber auch Cellulose zum Teil abgebaut und damit das Produkt weicher wird.

Dieser Effekt tritt bei der Anwendung von Natron auf ungeschälte ***Karotten*** auf: *Einfach häuten statt putzen. Geben Sie pro Liter Kochwasser 1 Teelöffel KAISER NATRON zu. Anschließend die Karotten in kaltem Wasser abschrecken.*

Kaffee und ***Tee*****:** *Hartes Wasser schadet dem Aroma. Eine Messerspitze KAISER NATRON macht das Wasser weich. Dem Kaffeewasser zusetzen oder mit in den Filter geben.*

Zu den Aromastoffen des Kaffees gehören auch Säuren, u.a. auch Gerbsäuren, die durch Calcium-Ionen gebunden werden und damit auch ihre sensorische (geschmackliche) Wirkung verlieren.

4.1.4 Entfernen angebrannter Speisereste

Der Vorschlag zur Entfernung ***angebrannter Speisereste*** lautet: *Eine Lösung aus 1 Esslöffel KAISER NATRON und 1 Liter Wasser in dem verschmutzten Kochgeschirr aufkochen.*

Angebrannte Speisereste bestehen aus Eiweiß, Fett und deren Abbauprodukten wie Fett- und Aminosäuren. Durch das Erhitzen von Natron entsteht wie schon mehrmals beschrieben Soda und in dieser sodaalkalischen Lösung werden sowohl Eiweißstoffe als auch Fette in Säuren gespalten und diese bilden dann wasserlösliche Salze. So löst sich ein großer Teil der angebrannten Speisereste und es lockert sich auch der Teil, der wie beschrieben nicht reagieren kann (also keine Säuren bzw. Fette oder Eiweiß enthält).

4.1.5 Spezielle Wirkungen von Natron

Zur Körperhygiene

Als ***Badezusatz*** hat Natron im ***Vollbad*** den Effekt, das Wasser einerseits zu enthärten, andererseits aber auch von der Haut im Körperschweiß enthaltene Säuren zu entfernen.

Brennende Füße. *Nach einem ausgedehnten Spaziergang oder einem Stadtbummel wirkt ein Fußbad mit KAISER NATRON Wunder. Geben Sie 3 Teelöffel auf 10 Liter warmes Wasser.*

Auch hier spielt der Effekt, organische Säuren („brennend") aus dem Schweiß zu neutralisieren und abzulösen, eine wichtige Rolle.

Das Gleiche gilt für die Funktion als ***Deodorant****: Einfach mit einem Wattebausch oder mit den Fingern etwas KAISER NATRON in die Achselhöhlen pudern.*

Zugleich wird auch das Wachstum säureliebender Bakterien gehemmt – somit eine bakterizide Wirkung erzielt.

Zum ***Gesicht waschen*** wird ebenfalls die Anwendung von Natron empfohlen: *Wer im Gesicht keine Seife verträgt, sollte es mit einer KAISER NATRON-Lösung waschen. Dazu vier Teelöffel KAISER NATRON im Waschbecken im lauwarmen Wasser auflösen. Das Gesicht ohne abzuspülen abtrocknen, so wird die Haut angenehm weich.*

Seife kann bei manchen Menschen durch spezielle Inhaltsstoffe, aber auch infolge des höheren pH-Wertes als es bei Natron in Wasser der Fall ist, zu unangenehmen Effekten (Reizungen) führen. Den oberflächlichen Film aus Fetten und Fettsäuren (mit Schmutzpartikeln) zu lösen, kann hier auch Natron übernehmen.

Gegen ***Insektenstiche***: *Schmerzen und Schwellung lassen sofort nach, wenn Sie einen Brei aus KAISER NATRON und Wasser auf die Insektenstiche auftragen.*

Durch Insektenstiche gelangen organische Säuren in den nadelstichkleinen Wunden, die das Brennen verursachen (die bekannte Ameisensäure bei einem Ameisenstich). Sie werden durch Natron neutralisiert.

Für Alltagsgegenstände

Aus ***Ton-Blumentöpfen*** lassen sich *unansehnliche, porenverstopfende Kalkreste* entfernen, *wenn man die Blumentöpfe einige Stunden in ein warmes Bad mit KAISER NATRON-Lösung stellt. 1 Teelöffel auf 1 Liter Wasser.*

Hier spielt das sogenannte *Kalk-Kohlensäure-Gleichgewicht* eine wichtige Rolle: Kalk (Calciumcarbonat) löst sich, wenn sich bei Anwesenheit von Kohlendioxid das Hydrogencarbonat bilden kann. Aus dem Natron stammt sowohl in der Wärme (durch nur teilweise Zersetzung) Kohlendioxid als auch das Hydrogencarbonat selbst:

$CaCO_3 + CO_2 + H_2O \leftrightarrow Ca^{2+} + 2\ HCO_3^-$ (Kalk-Kohlensäure-Gleichgewicht)

Münzen und ***Silber*** – die Tipps lauten: *Etwas KAISER NATRON auf die feuchten Münzen streuen, vorsichtig verreiben, abspülen und trockentupfen (siehe auch Silber).* ***Nicht anwenden bei Weichmetallmünzen (Feinsilber, Feingold).***

Auf Kupfermünzen bilden sich basische Salze, die sowohl durch die Effekte der Hydrogencarbonat-Ionen als auch durch die Salzlösung allgemein (Elektrolytlösung) entfernen lassen. Beim Silber wird nicht immer ein befriedigender Erfolg zu verzeichnen sein, vor allem dann nicht, wenn es infolge von Schwefelwasserstoff angelaufen ist (Silbersulfid-Bildung).

4.2 Rezepte mit Soda

4.2.1 Soda in Wasch- und Reinigungsmitteln

Als *Waschsoda* wird calzinierte, d.h. wasserfreie Soda (Na_2CO_3) in Pulverform verwendet. Sie besteht somit im Unterschied zur kristallisierten Soda (Na_2CO_3 x 10 H_20) aus reinem Natriumcarbonat (2,6 mal mehr als in kristallisierter Form). Durch Wasseraufnahme kann calcinierte Soda hart werden. In Verpackungen innen beschichteter Papierbeutel wird dieser unerwünschte Vorgang verhindert.

Die zwei Hauptwirkungen von Soda sind folgende:

1. Soda in Wasser gelöst wirkt stark alkalisch, also als eine Lauge. Durch diese wird Schmutz und Fett zu Aufquellen und beim Erwärmen bis Erhitzen auch verseift, d.h. in wasserlösliche Verbindungen gespalten (gilt auch für Eiweißstoffe).
2. Härtebildner im Wasser – Calcium- und Magnesium-Ionen, welche die Wirkung von Seifen herabsetzen, werden durch den Zusatz von Soda als schwer lösliche Carbonat ausgefällt und damit unwirksam gemacht. (Als Hinweis in der Produktinformation der Fa. HOLSTE ist zu lesen:
   Zum Ausfällen der Wasserhärte benötigt Soda einige Zeit, - deshalb Soda möglichst immer vorher im Wasch- oder Putzwasser lösen, etwas warten und erst dann waschen oder reinigen.
   Ein weißer, pulveriger Niederschlag, der sich am Boden des Gefäßes absetzt, ist der vorher im Wasser gelöst Kalk. Er hat in dieser Form keinen Einfluss mehr auf die Wasserhärte und wird nach dem Waschen mit dem Schmutzwasser fortgespült.)

Verwendung von Soda:

- Zum *Einweichen* und *Vorwaschen* stark verschmutzter Berufswäsche, von Weißwäsche aus Baumwolle oder Leinen (Tisch- und Bettwäsche)
- *Schweißstrümpfe* und *stark verschmutzte Socken*: 2 Esslöffel Soda auf 10 Liter Wasser, Strümpfe und Socken darin einstecken; etwas Soda auch in das letzte Spülwasser geben. Wichtig: *Wollstrümpfe* dürfen nur *kurz* und mit einer *kalten* Sodalösung behandelt werden, da die Faser quellen!
- Zum *Spülen* von Milchgefäßen, von Mehrwegflaschen, Blumenvasen, Thermosgefäßen u.ä.
- Zum *Reinigen* von Fritteusen, fettigen Backblechen und Pfannen (auch als Zusatz zu milden Reinigungsmitteln)
- Gegen grüne *Algenbeläge* auf Steinplatten, an Holzwänden und -zäunen

Die *hygienische Wirkung* (gegen Bakterien – neben dem Reinigungseffekt) der sodaalkalischen Lösung wird vor in folgenden Beispielen genutzt, die in der Produkt-Info genannt werden.

- ***Holzbrettchen*** *mit heißer Sodalösung abwaschen und -bürsten, damit Fleisch-, Fett- und Stärkereste entfernt und die Brettchen hygienisch sauber werden.*
- ***Holzregale*** *säubern: Regale zum Einlagern von Äpfeln und Birnen mit heißer Sodalösung abbürsten.*
- ***Kochlöffel aus Holz*** *werden blitzsauber, wenn sie einige Tage in Sodawasser liegen.*
- ***Marmeladen- und Einmachgläser*** *reinigen: In heißer Sodalösung waschen, dann mit kaltem Wasser spülen und zum Ablaufen umgekehrt auf ein sauberes Tuch stellen. Nicht austrocknen!*

- ***Blutflecke**: Wäsche mit Blutflecken in **kaltem** Sodawasser einweichen.*

Zur *Wasserenthärtung*:
0,1 g Soda für 1° dH je Liter – Beispiel: 20 Liter Waschlauge mit Wasser von 18° dH benötigen 20 x 18 x 0,1 = 36 g Soda

Nicht geeignet ist Soda für die Reinigung *tierischer Fasern* (Wolle, Seide), vor allem nicht als *heiße Lauge*, auch nicht bei empfindlichen farbigen Stoffen!

Rezepte

1. *Zum Einweichen von Wäsche*
   1-2 Esslöffel auf 10 Liter Wasser (je nach Wasserhärte – s.o.; 1 Esslöffel ca. 10 g),
   1-2 Stunden einwirken lassen (bei warmem Wasser reicht ½ Stunde), dann Wäsche einstecken und möglichst über Nacht einweichen lassen – damit kann die Vorwäsche gespart werden (Hauptwäsche mit der halben Waschmittelmenge durchführbar).

2. *Zum Spülen von Geschirr*
   Auf Milchgeschirr, Einwegflaschen, Backblechen jeweils mit 2-3 Esslöffeln auf 5 Liter heißes Wasser einige Zeit einwirken lassen; in der Fritteuse diese Sodalösung zum Kochen erhitzen.

3. *Entfernen von Algenbelägen*
   4-5 Esslöffel HOLSTE Wasch-Soda in 5 Liter warmem Wasser lösen, Holz mit der Wurzelbürste schrubben.

Schutzmaßnahmen

Da Sodalauge stark alkalisch (ätzend) wirkt, sollte man Gummihandschuhe tragen, da sonst die haut übermäßig entfettet wird. Nach dem Kontakt der Hände mit Sodalauge gut mit reinem Wasser abspülen und eincremen.
Sodastaub reizt die Augen und darf nicht eingeatmet werden.
Gelangt Sodastaub in die Augen, sofort mit viel Wasser ausspülen und den Arzt aufsuchen.
Die Packung muss von Kindern ferngehalten werden.

4.2.2 Chemisch-technische Anwendungen im Alltag

Die stark alkalische Wirkung einer Sodalösung kann auch für Anwendungen über die bisher genannten Beispiele hinausgehend genutzt werden.
So lässt sich die **Abbindezeit von Gips** verlängern, indem man dem Gipsbrei eine Prise Soda zumischt. Mit *Abbinden* bezeichnet man beim Gips (auch von Mörtel und Zement) das Festwerden, heute meist *Erstarren* genannt, wobei Calciumsulfat mit zwei Molekülen Wasser auskristallisiert. Dabei wird Wärme frei, es bilden sich Kristallnadeln, die miteinander verfilzen und so die Festigkeit hervorrufen. Ein anderer Abbindeverzögerer ist „totgebrannter" Gips – durch Erhitzen von Gips ($CaSO_4 \cdot 2\ H_2O$) auf über 190 °C zu $CaSO_4$. Gips, der als Modell-, Stuck- oder Putzgips verwendet wird, entsteht bei 120-130 °C als sogenanntes Halbhydrat $CaSO_4 \cdot \frac{1}{2}\ H_2O$.

Verstopfte Ausgüsse, die sich nur schwer mechanisch reinigen lassen (weder durch Abschrauben des Siphons noch durch eine Gummipumpe(-sauger), kann man mit einer konzentrierten heißen Sodalösung durchspülen. 2-3 gehäufte Esslöffel werden dazu in 2 Liter Wasser gelöst. Die starke sodaalkalische Lösung bewirkt eine Spaltung von vor allem Fett in Fettsäuren und Glycerin (beide wasserlöslich) und auch von Haaren (Keratin). Zugleich werden die Stoffe neutralisiert, die schlechte Gerüche verursachen.

Wandfarben und **Türen** lassen sich mit einer starken Sodalösung anstelle einer starken riechenden Salmiaklösung (Ammoniaklösung) reinigen. Dafür wird einem Liter Wasser 1 Esslöffel Soda hinzugefügt. Der Effekte beruht sowohl auf der Alkalität (Lauge) als auch auf der Elektrolytwirkung, wodurch anhaftende Staub entfernt wird und auch Bakterien abgetötet werden.

Bei der Anwendung sind die in 4.2.1 genannten *Schutzmaßnahmen* zu beachten!

5. Rezepte mit Natron

Bereits im Kapitel 4 sind zahlreiche Tipps für die Küche, für die Zubereitung von Speisen enthalten.

Dazu zählen auch weitere Tipps:

Eierschnee. *Eine Prise KAISER NATRON erleichtert das Schlagen des Eiweißes und lockert den Eierschnee auf.*
Als Wirkung ist hier die Bildung des Gases Kohlendioxid zu vermuten – aus der Reaktion mit (wenn auch geringen) sauren Bestandteilen der Sahne.

Käsefondue nach Original Schweizer Art. *Auch in Deutschland hat diese Art von Fondue viele Liebhaber. Die geschmolzene Käsemasse wird leicht, füllig und bekömmlich, wenn Sie kurz vor dem Servieren eine Prise KAISER NATRON hinzugeben.*
Die Effekte sind auf die Entstehung des Gases Kohlendioxid (aus der Reaktion mit sauren Bestanteilen) und auf einen beginnenden Abbau hochmolekularer Nahrungsstoffe (Eiweiß und Fett), der sonst erst im Magen erfolgt, zurückzuführen.

Karamellmasse. *Ein Esslöffel Essig und zwei leicht gehäufte Löffel KAISER NATRON einem Kilo Bonbonmasse aus Zucker und Sirup zugeben, so wird die Masse locker und leicht.* (Rezept in Abschnitt 5.5)
Aus Essigsäure und Natriumhydrogencarbonat entstehen das Gas Kohlendioxid und das Salz Natriumacetat. Beim Erhitzen entweicht ein Überschuss an Essigsäure und auch das Natriumacetat gibt einen Teil des Acetats als Essigsäure wieder frei, so dass geschmacklich die Essigsäure nicht mehr wahrgenommen wird.

5.1 Natron für Brausepulver

Brausepulver bestehen aus einer Fruchtsäure und Natron. Aus dem Gemisch entsteht beim Lösen in Wasser „prickelnde“ Kohlensäure (Kohlendioxid als Gas). Rezepte dazu findet man bereits in den Handbüchern für Drogisten des ausgehenden 19. Jahrhunderts. Im „Chemisch-technischen Lexikon, eine Sammlung von mehr als 17.000 Vorschriften für alle Gewerbe und technischen Künste“ von 1893/94 ist der Begriff *Brausepulver* wie folgt definiert:

„**Brausepulver** (*pulvis aërophorus*), pulverförmige Mischung eines doppeltkohlensauren Alkalis (...) mit trockener, gepulverter Weinsäure.“

In „Meyers Konversationslexikon“ vom Ende des 19. Jahrhunderts ist über den Gebrauch von Brausepulver zu lesen:

„Zur Benutzung schüttet man einen gehäuften Theelöffel voll Brausepulver in ein reichlich zur Hälfte mit Wasser gefülltes Glas, rührt einmal um und trinkt möglichst schnell während des Brausens. (...) Da hierbei stets sehr viel Kohlensäure verloren geht und man das B(rausepulver) hauptsächlich der Wirkung der Kohlensäure halber genießt, so ist es bei weitem zweckmäßiger, das Pulver trocken in den Mund zu nehmen und mit Wasser hinunterzuspülen.“

In England wurden im 19. Jahrhundert Brausepulver unter dem Namen *Soda powder* aus 2 g doppeltkohlensaurem Natron und 1,5 g Weinsäure in getrennten, farbigen Tüten in den Handel gebracht. Erst unmittelbar vor dem Trinken wurden beide Substanzen in Wasser gegeben. Man kannte am Ende des 19. Jahrhunderts bereits aromatisierte Varianten, die entweder nach Ingwer oder nach Pfefferminz schmeckten.

Rezepte

KAISER NATRON Brause

„Dieses sprudelnde Erfrischungsgetränk ist nicht nur wohlschmeckend, sondern auch preiswert. Zucker, Zitronensaft oder etwas Essig in ein Glas kaltes Wasser einrühren. ½ Teelöffel KAISER NATRON zufügen – fertig ist die Brause."
(Aus: Das kleine KAISER NATRON ABC. Für Küche, Haus und Reise, HOLSTE, Bielefeld)

Brausepulver mit Weinsäure

10 Teile Natron, 9 Teile Weinsäure, 19 Teile Zucker (pulverisiert) gut durchmischen. Vor dem Zusammenmischen müssen die drei Stoffe gut getrocknet sein. Für ein Getränk wird ein Teelöffel voll in einem Glas Wasser gelöst.

In einem Lehrbuch für Drogisten („Der Drogist. Lehr- und Nachschlagebuch für Drogisten und Apotheker, von Ed. Freise und F. von Morgenstern, Band 2: Warenkunde", um 1930) ist zu lesen – mit beachtenswerten praktischen Hinweisen:

„**Brausepulver.** Lat. Pulvis aërophorus. Gemisch aus doppeltkohlensaurem Natron und Weinsteinsäure (= Weinsäure), evtl. auch mit Zusatz von Zucker und aromatischen Stoffen, wie z. B. ätherischen Ölen (Pfefferminz- oder Zitronenöl sind die am meisten gebrauchten). Das Verhältnis ist 10 Teile Natron, 9 Teile Weinsteinsäure und 19 Teile Zuckerpulver. Sämtliche Bestandteile müssen vor dem Zusammenmischen gut ausgetrocknet werden; nur wenn dies der Fall ist, hält sich das gemischte Brausepulver längere Zeit. Werden ätherische Öle zugesetzt, so muß das Brausepulver möglichst in abgefaßten, gut verkorkten Gläsern abgegeben werden. Man hat zu diesem Zwecke besondere Brausepulvergläser, meist achtkantig, mit weiter Öffnung. Von Wichtigkeit ist, daß man reines, gutes Natron und reine, gute Weinsteinsäure anwendet, denn nur diese geben ein angenehm schmeckendes Getränk und ein haltbares Pulver. Große Vorräte von Brausepulver zu halten, ist nicht ratsam und in bezug auf die Aufbewahrung kann nur dringend geraten werden, dieselbe vor Licht, besonders vor direktem Sonnenlichte, geschützt vorzunehmen, denn dieses hat einen ganz bedeutenden Einfluß auf die Haltbarkeit des Brausepulvers. Eine anderweitige Form von Brausepulver sind die geteilten. Es sind dies kleine Papierkapseln von verschiedener Farbe, welche nur so viel Natron einerseits oder Weinsteinsäure andererseits enthalten, die zur jedesmaligen Bereitung von einem Glase Brausewasser notwendig ist. Gewöhnlich wird in einer farbigen Kapsel 2 g Natron, in einer weißen 1,5 g Weinsteinsäure angegeben. Die Art von Brausepulvern kann man sowohl einzeln als auch zu mehreren (½ Dutzend, ein Dutzend) in Schachteln, mit Gebrauchsanweisung versehen, abgeben, und solche Packungen bilden einen guten Handverkaufsartikel. Was das gewöhnliche Brausepulver anbetrifft, so ist dasselbe ein feines, weißes, staubtrockenes Pulver, welches, mit Wasser befeuchtet oder in dasselbe hineingetan, sofort aufbraust und Kohlensäure entwickelt. Die Kohlensäure ist hierbei eigentlich dasjenige, das gewünscht wird. Man wendet es bei Aufregung, Kopfschmerz usw. als niederschlagendes Mittel an, es ist aber auch ein vorzüglich durststillendes Mittel."

5.2 Rezepte aus Kochbüchern um 1900

In den zahlreichen Kochbüchern um 1900 wird stets auch über Natron anstelle von Hefe als Backmittel berichtet. So ist im Kochbuch der berühmten Autorin Henriette Davidis (1801-1876) „Praktisches Kochbuch“ (Ausgabe 1909) im Kapitel 20 über das „Backwerk. I. Allgemeines.“ folgender Text enthalten:

„**3. Das Treiben der Kuchen.** Die Preßhefe oder Bärme, die der Bierhefe vorzuziehen ist, darf nicht bröckelig sein, sondern muß sich wie Speck schneiden lassen. Noch einfacher und vorteilhafter lassen sich die gerührten Kuchen mit Backpulver oder mit Natron und Cremortartari [Weinstein, Erläuterungen dazu weiter s.u.] herstellen. Sehr zu empfehlen sind auch die Backmehle, welche nicht nur den treibenden Stoff, sondern auch alle gewünschten Kuchengewürze enthalten. Derartige Kuchen lassen sich viel schneller bereiten als Hefeteigkuchen und geraten immer.“

Im „Großen illustrieren Kochbuch für den einfachen und den feineren Tisch“ von Mathilde Ehrhardt (95. Tausend 1904) ist nach dem Text zur Hefe zu lesen:

„23. Kapitel. **Die Bäckerei.**
(...) Noch einfacher und auch vorteilhafter lassen sich die getriebenen Kuchen mit *Backpulver* oder mit *Natron* und *Cremortartari* herstellen; man erhält dasselbe in Apotheken und Drogerien und kann es in verschlossenen Glasbüchsen vorrätig halten, um es stets zur Verwendung bereit zu haben. Derartige Kuchen lassen sich viel schneller bereiten, wie Hefeteigkuchen, sie geraten immer, und eine gleiche Menge Mehls liefert mehr Kuchen, da die Hefe bei der Gärung stets einen Teil des Mehls zerstört, was bei der Zubereitung mit Backpulver nicht der Fall ist. – Sehr zu empfehlen sind auch die

Backmehle, welche nicht nur den treibenden Stoffe, sondern auch alle erwünschten Kuchengewürze enthalten.“

Wer hier von wem abgeschrieben hat – einige der der Sätze stimmen ja wortwörtlich überein, ist nicht mit Sicherheit festzustellen. Fest steht jedoch, dass die Kochbücher von Henriette Davidis wesentlich früher als das von Mathilde Ehrhardt entstanden sind (1. Aufl. 1845).

Über den *Cremor tartari* ist im „Brockhaus“ von 1837 noch kein Hinweis auf die Verwendung beim Backen verzeichnet – der Originaltext lautet:

„***Cremor tartari***, zu deutsch *Weinsteinrahm*, ist ein weinsteinsaures Salz von säuerlichem Geschmack, das an der Luft unveränderlich, in Weingeist gar nicht, dagegen in 15 Theilen kochenden und 60 Theilen kalten Wassers lösbar ist. Er wird aus dem im Handel vorkommenden rohen Weinsteine gewonnen, der sich bekanntlich an den Wandlungen der Fässer ablagert, in denen der Wein gährt, indem man denselben mit schicklichen Zusätzen versiedet, wobei dessen Unreinigkeiten sich absondern, der gereinigte Weinstein aber sich wie Rahm an der Oberfläche sammelt und abgeschöpft wird, woher auch sein Name rührt. Der *Cremor tartari* ist ein sehr beliebtes Hausmittel gegen Blutwallungen und die von ihnen herrührenden Zustände, ist ein wesentlicher Bestandtheil der verschiedenen niederschlagenden Pulver und wird häufig zur Beruhigung des Gemüths nach gehabtem Schreck oder Ärger genommen, leistet aber in diesen Fällen nichts. In größeren Gaben wirkt er abführend, verdirbt aber, zu anhaltend gebraucht, leicht die Verdauung. In den Gewerben benutzt man ihn, um die Festigkeit der Farben zu vermehren.“

Im Kochbuch von Mathilde Erhardt (Erstauflage 1901), 1904 von A. Mathis herausgegeben, „Küchenmeister und Traiteur, Inhaber der

Kochschule und Staftküche zu Koblenz, Präsident des internationalen Verbandes der Köche zu Frankfurt a. M.", wie es im „Vorwort zur neuesten umgearbeiteten und vermehrten Auflage" 1904 heißt, ist ein Kapitel dem „Gebäck ohne Hefen" gewidmet. Einführend ist zu lesen:

„Zu den *Kuchen* ohne Hefen verwendet man entweder einen Zusatz von *doppeltkohlensaurem Natron* und Weinsteinsäure oder Cremortartari oder aber Backpulver, das man in verschiedenen Sorten erhält, von denen das Dr. Oetker'sche allgemein gelobt wird; (...). Die Bereitung unterscheidet sich von der der Hefekuchen insonderheit dadurch, daß diese Kuchen nicht erst zum Aufgehen warm gestellt, sondern sofort gebacken werden, infolgedessen wird das Mehl kalt verwendet. Auch die Kuchen aus Backmehl sind durchaus zu empfehlen. Ihre Zubereitung ist die denkbar einfachste."

Als Beispiele aus diesem Kochbuch werden im Folgenden die Rezepte für „Feiner Topfkuchen, Napfkuchen oder Guglhupf ohne Hefe" sowie für „Madeira-cake" wiedergegeben.

Rez. 1855. Feiner Topfkuchen, Napfkuchen oder Guglhopf ohne Hefe. (*Originalrezept* von Frau **M. Schröder** aus Braunschweig.) 250 g Butter wird zu Sahne gerührt, dann werden nach und nach 8 ganze Eier dazugegeben, ferner 250 g Zucker, 15-20 Stück gehackte süße Mandeln, etwas abgeriebene Zitronenschale, 1 Obertasse Milch und 500 g feines Mehl. Zuletzt rührt man 5 g *doppeltkohlensaures Natron* und 10 g Cremortartari unter die Masse, füllt die mit Butter ausgestrichene Form zur Hälfte mit dem Teige und backt den Kuchen bei gelinder Hitze.

Rez. 1860. Madeira-cake. Man rührt 300 g Butter mit 400 g Puderzucker, 5 g Kochsalz und dem Abgeriebenen von 1 Zitrone schaumig; dann gibt man 6 Eier hinzu und verrührt dieselben einzeln mit dem Teige. Nun fügt man 5 g Glycerin (!) und ½ Weinglas Rum hinzu und bearbeitet den Teig, bis er ganz schaumig ist. In einer zweiten Schüssel vermengt man 600 g Mehl mit 4 g Cremortartari und 3 g *doppeltkohlensaurem Natron*, siebt danach das Mehl und rührt es unter den Teig, ohne denselben jedoch noch viel zu bearbeiten. Zum Backen benutzt man eine viereckige Form, die man mit Butter ausstreicht und mit einem bebutterten Papier auslegt. Die Form darf nur ¾ gefüllt werden. – Dieser in England mit Recht berühmte Kuchen zeichnet sich durch seine vorzügliche Beschaffenheit und seine außerordentliche Haltbarkeit aus.
Glycerin (E 422) und *Weinsäure* (E 334) bzw. als *Kaliumtartrat* (E 336) oder *Kalium-Natriumtartrat* (E 337) zählen heute, mehr als 100 Jahre nach der Veröffentlichung des zitierten Rezeptes zu den in Europa zugelassenen *Lebensmittelzusatzstoffen*. Glycerin, ein Feuchtehaltemittel und Weichmacher mit süßlichem Geschmack, ist auch für Bioprodukte zugelassen und gilt als gesundheitlich unbedenklich, da es auch Bestandteile von Fetten ist.

5.3 Aachener Printen

Seit dem 19. Jahrhundert ist die Bezeichnung *Aachener Printen* für ein pfefferkuchenartiges Gebäck aus dem Aachener Raum nachweisbar. Der Name kommt von dem niederländischen Wort *prent* (lat. *premere*, altfranz. *preindre* und engl. *print*) und bedeutet drücken, drucken oder pressen. Die Aachener Leb- oder Pfefferkuchen wurden vermutlich infolge des Aufdruckens von Heiligenfiguren so genannt. Pfefferkuchen sind bereits seit dem 15. Jahrhundert als stark gewürzte Honigkuchen bekannt. Mit *Pfeffern* wurde das Schlagen mit grünen Zweigen zur Wintersonnenwende zum Austreiben der Lebensgeister bezeichnet. In frühester Zeit wurden Pfefferkuchen daher als Weihe- oder Dankgeschenk in der Freude über die Sonnenwiederkehr in der Weihe-Nacht und nach dem Pfeffern überreicht. Es besteht also kein Zusammenhang zwischen dem Pfeffern und den Gewürzen. Lebkuchen wurde im süd- und westdeutschen Raum die Honigkuchenart aus braunem Teig genannt. Bereits in der mittelhochdeutschen Sprache wurde die Bezeichnung leb(e)kuoche (seit dem 13. Jahrhundert), vermutlich abgeleitet vom Laib- somit Brotkuchen, verwendet. Der erste Teil des Wortes stammt vom mittellat. Wort *libum* = Fladen. Das Deutsche Wörterbuch der Brüder Grimm bezeichnet diese Wortzusammensetzung als eine „halbgelehrte Zusammensetzung" und „mag darauf hinweisen, dasz das gebäck zufrühest an geistlicher stätte bereitet und von geistlichen herren versucht" wurde.

Man unterscheidet eine Vielzahl von Lebkuchenarten. Von historischem Interesse sind *Oblatenlebkuchen*, die seit dem 16. Jahrhundert mit Marzipan hergestellt wurden. Die Oblate als Unterlage für den eigentlichen Lebkuchen besteht aus ungegorenem, ungesäuertem, ungesüßtem, dünnflüssigem Teig auf der Basis von hellem Getreidemehl, der zwischen erhitzten Flächen gebacken wird. Es entsteht eine dünne, blatt- bzw. pergamentartige, rein weißfarbene Dauerbackware. Auch hier wird der kirchliche Bezug deutlich. Im 17. Jahrhundert (das Jahrhundert des Dreißigjährigen Krieges) entstanden die weißen Lebkuchen: Anstelle des teuren Marzipans wurden Weizenmehl und Eier verwendet. Sie wurden nicht durchgeröstet, enthielten etwa 40 % an Mehl in der Teigmasse und außer Eier auch Milch. *Honiglebkuchen* enthalten 50 % des Zuckers als Honig, bei

Mandellebkuchen besteht die Teigmasse zu 25 % aus Mandeln und/oder Hasel- bzw. Walnusskernen.
Printen sind nach heutiger Definition knusprig harte oder auch saftige weiche Lebkuchenbackwaren – meist rechteckig. Seltener in Platten- oder Gebildformen. Eine Gebildbackware ist ein Figurengebäck. Es kann in den verschiedensten meist volkstümlichen Figuren wie Puppen, Herz, Zahl oder Flechtwerk geformt sein. Brauner Lebkuchenteig bildet die Grundlage der Printen. Die Gewürzmischungen des Lebkuchens bestehen aus Anis, Gewürznelken, Koriander, Muskatnuss, Piment und Zimt. Der braune Lebkuchenteig wird aus dunklerem Weizenmehl (Type 1050), teils auch mit Roggenmehl, überwiegend mit karamellisiertem Invertzuckersirup mit insgesamt mindestens 50 Teilen Zucker als Zuckerteig praktisch fettfrei zubereitet. Printen weisen im Unterschied zu den braunen Lebkuchen oder Pfefferkuchen nicht weniger als 80 Teile Zuckerarten (auch als ungelöste Kandiszuckerkrümel) auf. Sie dürfen nur mit Schokolade überzogen sein. Als Ölsamen im Teig oder/und in den Überzügen werden nur Mandel-, Haselnuss- und Walnusskerne verwendet. *Feinste Printen* sind durch mindestens 25 % an Schokolade und 15 % an Ölsamen charakterisiert.

REZEPT AACHENER PRINTEN

500 g Honig oder Sirup
100 g Butter
200 g Zucker
ca. 30 g Printengewürz (alternativ: 5 g Nelken, 5 g Anis, 15 g Kardamon – alle pulverisiert)
1 leicht gehäufter Teelöffel KAISER NATRON
50 g Zitronat gewürfelt
2 Esslöffel Rum

750 g Mehl
2 Eier
125 g gestoßener Kandis
1 Esslöffel Kartoffelmehl
1/8 Liter Wasser (für die Glasur)
*
Honig, Butter, Zucker und Gewürze aufschmelzen,
KAISER NATRON unter das Mehl mischen.
*
In die abgekühlte Masse die Eier schlagen und mit dem Mehl verkneten.
*
Den Teig ausrollen und in Printenform zuschneiden (ca. 9 x 4 cm).
*
Zum Glasieren mit dem gebrühten Kartoffelmehl oder mit Milch und Sirup bestreichen und mit Kandis bestreuen.
*
Auf dem Backblech bei mittlerer Hitze backen.

5.4 Amerikaner oder Kaiser-Brötchen

Als *Amerikaner* werden eigentlich die so genannten *Ammonplätzchen* bezeichnet, bei deren Herstellung ein Ammoniumtriebmittel (aus Ammoniumhydrogencarbonat, auch Ammoniumcarbonat und Ammoniumcarbamat enthaltend) verwendet wird. Es handelt sich um ein Flachgebäck, das an der Unterseite mit Fettglasur oder Zuckerglasur überzogen ist, grobporig und rund, aus einer leichten, biskuitähnlichen Masse mit leicht ammoniakalischem Geschmack. Amerikaner werden auch als Sandbrötchen bezeichnet, als eine „Feine Backware“ aus Mehl, Zucker, Ei, Fett, Milch oder Was-

ser. Als Triebmittel kann aber anstelle von Ammoniumhydrogencarbonat auch normales Backpulver (mit Natron) verwendet werden.
Zur Herstellung wird die weiche Masse auf gefetteten und bemehlten Blechen gebacken. Nach dem Backen wird auf der Unterseite eine dickflüssige Zuckerglasur (Fondant) aufgetragen. Als Varianten sind Amerikaner auch mit kakaohaltiger Fettglasur und auch mit Kombinationen von beiden im Handel.
Der Ursprung des Namens ist nicht sicher belegt. So sollen die amerikanischen Soldaten in Deutschland (die GIs) nach dem Zweiten Weltkrieg die Zutaten für einen *Cake* amerikanischer Art nicht gefunden haben.

REZEPT Amerikaner oder Kaiser-Brötchen

50 – 70 g Butter
1 Ei
80 – 100 g Zucker
Etwas Zitronensaft oder Zitronenaroma
250 g Mehl
2 Esslöffel Stärkemehl
1 Prise Salz
Ca. 1/8 Liter Milch
1 gestrichener Teelöffel KAISER NATRON
*

Butter, Ei, Zucker, Zitronensaft schaumig rühren
*
KAISER NATRON unter das Mehl sieben, mit der Milch zum Teig geben
*

Mit einem Esslöffel kleine Häufchen auf das vorbereitete Backblech in größeren Abständen setzen.
*
Bei starker Mittelhitze etwa 25 Minuten backen.
*
(Nach dem Erkalten kann die glatte Unterseite mit Zuckerguss von 150 g Puderzucker, 1 Esslöffel Rum und 2 Esslöffeln Wasser versehen werden – auch ein Schokoladenguss ist möglich.)

5.5 Amerikanische Zollhaus-Cookies

Im Englischen heißt ein Zollhaus eigentlich custom-house, altertümlich jedoch auch toll-booth. Und im Toll-House Restaurant in der Nähe von Boston soll eine Ruth Wakefield diese typisch amerikanischen Kuchen (cookies) auch als Erste gebacken haben. Charakteristisch für das Rezept ist die Verwendung von sowohl weißen als auch braunem Zucker.

REZEPT Amerikanische Zollhaus-Cookies

125 g Mehl
½ Teelöffel KAISER NATRON
¼ Teelöffel Salz
100 g weißen Zucker
100 g braunen Zucker
100 g Butter
1 Päckchen Vanillinzucker oder ½ Fläschchen Vanille-Aroma
1 Ei
1 Päckchen Schokoladentropfen* (150 g)
(1 Tasse gehackter Haselnüsse nach Belieben)

Mehl, Natron und Salz mischen.
*
Butter, weißen und braunen Zucker, Vanillinzucker und Ei cremig rühren.
*
Mehlmischung portionsweise hineingeben und durchkneten.
*
Schokoladentropfen (und eventuell Haselnüsse) unterheben.
*
Mit einem Teelöffel runde Häufchen formen und auf das ungefettete Backblech geben.
*
Im vorgeheizten Backofen 10 Minuten bei 180 Grad backen (Gas Temperaturstufe 3).

> *Schokoladentropfen sind kleine Schokoladenstückchen, wie sie für Muffins verwendet werden. Kommerziell erhältlich weisen sie folgende Nährwerte (100 g) auf:
> Brennwert 2030 kJ = 486 kcal, Eiweiß 5,5 g, Kohlenhydrate 53 g, davon Zucker 49 g, Fett 28 g, davon gesättigte Fettsäuren 17 g, Ballaststoffe 12 g.

Vanillin-Zucker besteht aus dem naturidentischen Aromastoff Vanillin und Zucker. Kleinpackungen enthalten mindestens 0,1 % Vanillin und 7,9 g Zucker. Vanille-Zucker dagegen ist eine Gewürzzubereitung aus zerkleinerten Vanilleschoten und Zucker mit mindestens 0,5 g Vanilleschoten in Packungen von insgesamt 8 g.

5.6 Amerikanischer Dattelkuchen

Datteln und *Mandeln* sind die wichtigsten Zutaten dieses Rezeptes. Etwa 90 % aller Datteln werden im Irak, Iran, in Algerien, Marokko und Ägypten angebaut. Sie wurden bereits 3000 v. Chr. im Irak kultiviert. Getrocknete Früchte enthalten 73 % Kohlenhydrate (29 % Glucose, 27 % Fructose und 14 % Saccharose) – und über 1 % an Äpfelsäure. Süße Mandeln bestehen zu 55 % aus Fett, enthalten 18 % Eiweiß und nur 7 % Kohlenhydrate (4,2 % Saccharose, 2,7 % Stärke).

REZEPT

350 g Datteln (ohne Steine)
50 g geschälte Mandeln
200 g Zucker
½ Teelöffel Vanillezucker
25 g Margarine
300 ml kochendes Wasser
2 Eier
400 g Weizenmehl
2 Teelöffel KAISER NATRON
*
Datteln, Mandeln, Zucker, Vanillezucker und Margarine mit dem kochenden Wasser übergießen.
Abkühlen lassen.
Eier hineinrühren.
Mehl mit Natron vermischen und ebenfalls verkneten.
Teig in eine gefettete Backform geben.
Backzeit: ca. 1 Stunde bei 175 Grad/Gasherd Stufe 2.
(Mit Butter bestrichen schmeckt der Kuchen besonders gut. Die Datteln können teilweise oder ganz durch Feigen ersetzt werden.)

5.7 Buttermilch-Pfannkuchen

Mit *Pfannkuchen* ist hier ein Eier(pfann)kuchen gemeint – eine Eierspeise aus Ei, Milch und Mehl, in der Pfanne gebacken. Die Zubereitung ist sehr vom Verbreitungsgebiet und Tradition sowie von den Zutaten abhängig. Statt Milch werden auch andere Flüssigkeiten, vor allem Buttermilch, aber auch Bier oder (Soda-)Wasser verwendet. Mit *Soda-Wasser* ist hier ein Tafelwasser gemeint, das nach den heute gültigen Rechtsvorschriften mindestens 570 mg Natriumhydrogencarbonat pro Liter und Kohlensäure enthält. Charakteristisch ist, dass die Teigmasse in dünnen Lagen in einer Pfanne in heißem Fett von beiden Seiten goldgelb gebacken (hier eigentlich richtiger gebraten) wird.

REZEPT

250 g Mehl
½ Liter Buttermilch
2 Eier
2 Esslöffel Zucker (oder Salz nach Belieben)
1 Messerspitze KAISER NATRON
Öl nach Bedarf
*
Natron mit Mehl vermischen.
Mit den übrigen Zutaten gut verrühren.
In einer Pfanne Öl erhitzen.
Pfannkuchen von beiden Seiten backen.

5.8 Butterplätzchen

Der Name *Plätzchen* ist eine Verkleinerungsform von mundartlich *Platz* für einen „flach geformten Kuchen“ – möglicherweise wurde er auch vom lateinischen Wort *placenta* = Kuchen abgeleitet. Plätzchen gehören wie Kekse zu den Kleinbackwaren und sind vor allem zu Weihnachten ein beliebtes Gebäck. Die Plätzchenbäckerei entwickelte sich historisch parallel zum Konsum von Kaffee, Tee und Kakao – in Deutschland im 18. Jahrhundert. In Damengesellschaften, den Kaffeekränzchen, wurden zum Getränk kleine Gebäckstücke serviert. Bis in das 19. Jahrhundert zählten sie zu den Luxusgütern, da Zucker und vor allem auch Zutaten wie Mandeln oder Kakao sehr teuer waren. Als es gelungen war, preiswerten Zucker aus den heimischen Zuckerrüben zu gewinnen, fanden Plätzchen und damit die Plätzchenbäckerei auch in den einfachen Haushalt Eingang. Plätzchen erhalten häufig nach den speziellen Zutaten ihren Namen – so Anisplätzchen und hier als *Butterplätzchen*.

REZEPT

500 g Mehl
190 g Zucker
½ Tasse saure Sahne oder Sauermilch
125 g Butter
1 Päckchen Vanillezucker
1 Ei
1 gestr. Teelöffel KAISER NATRON
Backfett oder Öl
(Zum Bestreuen: 90 g Zucker, ½ Esslöffel Zimt)
*
Butter mit Zucker und Eiern schaumig rühren.

Die anderen Zutaten nach und nach darunter mengen.
KAISER NATRON unter das Mehl sieben.
Alles zusammenkneten.
Teig etwa ½ cm dick ausrollen.
Mit einer Ringform in etwa 2 cm breite Ringe von ca. 8 cm Durchmesser ausstechen.
(Zum Ausstechen kann auch eine Tasse benutzt werden.)
Die Ringe schwimmend in heißem Fett oder Öl goldgelb backen.
Backzeit: etwa 5 Minuten.
Dann in mit Zimt gewürztem Zucker umwenden.

5.9 Haselnuss- oder Mandelschnitten

Haselnüsse und *Mandeln* haben eines gemeinsam – den hohen Anteil an Fetten. 100 g genießbarer Anteil von Mandeln ohne Schale enthalten 54 % Fett, 18 % Proteine und 16 % Kohlenhydrate. Haselnüsse weisen sogar einen Fettgehalt von 58 % (davon 23 % ungesättigte Fettsäuren), 20 % Proteine und 18 % Kohlenhydrate auf. Der Nährwert beträgt bei Haselnüssen für 100 g 620 kcal (2600 kJ), bei Mandeln 651 kcal (2725 kJ).
Hauptlieferanten für Speisemandeln sind die USA, gefolgt von Spanien, Italien und Portugal.
Bitterschokoladen sind meist hochwertige und sehr aromatische Schokoladen mit einem hohen Anteil an Kakaobestandteilen. Eingeteilt werden sie nach dem Kakaoanteil: Zart- und Halbbitter mindestens 50 %, Bitterschokolade mindestens 60 %. Auf den hohen Kakaoanteil ist nicht nur der leicht bittere Geschmack, sondern auch die Konsistenz (hart bis sehr hart, bei jedoch zartem Schmelz) zurückzuführen.

Bittermandelöl ist ein ätherisches Öl, farblos bzw. an der Luft leicht gelblich, intensiv nach Bittermandeln riechend. Industriell wird es durch Wasserdampfdestillation aus den Kernen von Aprikosen und Pfirsichen gewonnen, nur noch selten aus bitteren Mandeln.

REZEPT

150 g weiche Butter oder Margarine
150 g Puderzucker
4 Eier
150 g geriebene Haselnüsse oder Mandeln
100 g Bitterschokolade
50 g Mehl
1 Messerspitze KAISER NATRON
½ Fläschen Bittermandelöl
*
Butter, Zucker und Eier schaumig verrühren.
Geriebene Haselnüsse oder Mandeln, die aufgelöste Bitterschokolade, das mit Natron vermischte Mehl sowie das Bittermandelöl hinzugeben.
Alles noch einmal gut durchrühren.
Auf gefettetem Backblech den Teig (ca. 30 x 20 cm) flach streichen.
Bei 175 Grad etwa 20-25 Minuten backen (Gasherd Stufe 2-3).
Fertigen Kuchen in Schnittchen schneiden.
Mit Puderzucker bestäuben.

5.10 KAISER-NATRON-Ringlein-Kuchen

Das Produkt nach einem Rezept aus dem Haus der Fa. HOLSTE könnte auch im weitesten Sinne zu den Krapfen gezählt werden (s. 5.14).

REZEPT

60 g Butter oder Margarine
80 g Zucker
6 Esslöffel dicker saurer Rahm
3 Esslöffel Milch
1 Prise Salz
1-2 Eier
375 g Mehl
1 gestr. Teelöffel KAISER NATRON
Backfett oder Öl
(60 g Zucker, ½ Esslöffel Zimt zum Bestreuen)
*
Butter mit Zucker und Eiern schaumig rühren.
Die anderen Zutaten nach und nach darunter mengen.
Das KAISER NATRON unter das Mehl sieben.
Alles zusammenkneten.
Teig etwa ½ cm dick ausrollen.
Mit einer Ringform in etwa 2 cm breite Ringe von ca. 8 cm Durchmesser ausstechen.
Die Ringe schwimmend in heißem Fett oder Öl goldgelb backen.
Backzeit ca. 5 Minuten.
In mit Zimt gewürztem Zucker umwenden.

5.11 Karamellbruch

Als Karamell (Caramel) vom lat. *canna mellis* = Zuckerrohr bezeichnet man ein ausschließlich durch Erhitzen (unter Schmelzen) aus Saccharose oder anderen Zuckerarten hergestelltes Bräunungsprodukt. Es entstehen dabei sowohl Aromastoffe als auch Bräunungsprodukte (Farbpigmente). Die Intensität der hell- bis dunkelbraunen Farbe hängt entscheidend von der Behandlungsdauer und der Temperatur ab. Es bilden sich dabei zahlreiche charakteristische Aromastoffe wie u.a. Maltol (in Brot, Kaffee, Tee vorhanden). Der Geschmack variiert je nach Herstellungsbedingungen von bittersüß (Süße durch den unzersetzten Zucker - malzig) bis intensiv bitter. Der Vorgang der Karamellisierung findet bei vielen Trocknungs- und Röstprozessen statt – und auch beim Backen. Durch einen Zusatz an Essig werden die komplexen chemischen Vorgänge in Richtung auf die bevorzugten Aromastoffe gelenkt. Die Schmelze darf nicht so weit erhitzt werden, dass sie schwarz aussieht.

In einem „Handbuch der Drogisten-Praxis" (Buchheister-Ottersbach, 1917) wird im Abschnitt „Saccharum. Rohrzucker. Saccharose..." das thermische Verhalten von Zucker beim *Brennen* wie folgt beschrieben:
„Bis zu 160 °C erhitzt, schmilzt er und erstarrt zu einer glasigen Masse (...), die ganz allmählich wieder kristallinisch wird. Hierauf beruht die Herstellung von Bonbons (....). Bei 200 °C erhitzt, geht der Zucker unter Entwicklung eigentümlich riechender Dämpfe in allerdings nicht chemische reinen *Karamell* über, ein Gemenge verschiedener Körper, ..."

REZEPT

1 Esslöffel Öl
400 g heller Zuckersirup (oder Rübensirup)
600 g Zucker
100 g Butter
1 Teelöffel Zimt
1 Teelöffel gemahlener Anis
1 Esslöffel Essig
2 leicht gehäufte Esslöffel KAISER NATRON
*
Emaillierten Topf oder Bräter mit Öl einfetten.
Sirup, Zucker, Butter, Zimt, Anis und Essig mit 120 ml in zweiten, großen Topf geben.
Unter ständigem Rühren etwa 15 Minuten sprudelnd kochen lassen.
Hellbraune Masse von der Kochstelle nehmen.
Sofort KAISER NATRON unterrühren.
Schäumende Masse in den gefetteten Topf schütten.
Erkalten lassen.
In kleine Stücke brechen und luftdicht verpacken.

5.12 Laugenbrezel

Der Maler Pieter Bruegel d. Ä. (zw. 1525 u. 1530 bis 1569) hat die Verwendung der Brezel in der Fastenzeit in einem allegorischen Bild dargestellt. Über die Herkunft der Brezel gibt es unterschiedliche Angaben – Meyers Konversationslexikon von 1905 vermutet den Ursprung in einem Verbot heidnischer Backwaren (Beispiel in Form eines Sonnenrades) auf der Synode von Estinnes (Konzil von Leptinä) 743. Einer Legende nach soll ein Bäcker aus Bad Urach die

Brezel erfunden haben. Für einen begangenen Frevel sollte er sein Leben lassen, da er aber zuvor seinem Landesherrn gute Dienste geleistet hatte, solle er nach eine Chance erhalten. Es heißt: „Back einen Kuchen lieber Freund, durch den die Sonne dreimal scheint, dann wirst du nicht gehenkt, dein Leben sei dir frei geschenkt.“ Aus dem Unterelsass und auch aus der Gemeinde Altenriet ist eine ähnliche Legende überliefert.

Im Althochdeutschen ist der Name Brezel offensichtlich vom lateinischen Wort *brachium* für Unterarm abgeleitet worden, denn Form erinnert an verschlungene Arme. Die bekannteste Brezel-Variante ist die *Laugenbrezel* – traditionell aus Weizenmehl, Malz, Salz, Backhefe und Wasser hergestellt. Vor dem Backen wird die Brezel für wenige Sekunden in 3-5 %ige Natronlauge (Natriumhydroxid, pH 13-14) getaucht. Beim Erwärmen, also beim Backen, reagiert das Natriumhydroxid mit dem Teig an der Oberfläche. Dabei werden Eiweißstoffe zersetzt und es findet eine sogenannte nichtenzymatische Bräunungsreaktion statt (im Unterschied zu enzymatischen Bräunung beispielsweise bei geriebenen Äpfel oder Kartoffeln), die man nach dem Entdecker, dem französischen Biochemiker Louis Camille MAILLARD (1878-1936), *Maillard-Reaktion* genannt wird. Sie wurde 1912 als Reaktion zwischen Aminosäuren und reduzierenden Zucker beschrieben. Dabei entsteht eine Vielzahl an geruchs- und geschmacksgebenden Substanzen. Aus dem Malz stammen hier Zucker, die Bräunung spielt jedoch die größere Rolle.

Anstelle von Natronlauge kann im Privathaushalt bevorzugt Natron verwendet werden, aus dem beim Erwärmen in Anwesenheit von Wasser Natriumcarbonat und damit auch der erforderliche hohe pH-Wert entsteht. Der symmetrische verschlungene Teigstrang erhält so (nach dem Bestreuen mit Kochsalz) eine knusprig-ledrige

Salzkruste, der Hefeteigkörper innen ist weich, am sanft geschwollen Bauch auch etwas aufgesprungen und saftig. Die dünnen Teigarme sind kross.

REZEPT

500 g Weizenmehl
300 ml Milch
1 Teelöffel Salz
1 Würfel Hefe
1 Teelöffel Zucker
40 g Margarine, Butter oder Schmalz
*
Hefe mit ein paar Tropfen Milch und dem Zucker verrühren.
Eine Viertelstunde bei Zimmertemperatur stehenlassen.
Das Mehl mit den übrigen Zutaten und der Hefe verkneten bis ein elastischer Teig entstanden ist.
Teig etwa ½ Stunde aufgehen lassen (bis zum doppelten Volumen).
Noch einmal auf einem bemehlten Brett gründlich durchkneten.
Rolle formen, in 15 gleiche Teile einteilen.
Aus jedem Teil 30 cm langen Strang formen – in der Mitte etwas dicker, zu den Ende auslaufend.
Brezel formen, noch einmal 15-20 Minuten gehen lassen.
In einem Emailtopf 1 Liter Wasser zum Kochen bringen.
1 Esslöffel KAISER NATRON darin lösen (Vorsicht – Natron braust zunächst auf!).
Brezeln einzeln auf einem Schaumlöffel etwa 30 Sekunden ins kochende Natronwasser geben. Abtropfen lassen, mit grobem Salz bestreuen. Alle Brezeln in den kalten Backofen schieben.
Bei 220 °C (Gasherd Stufe 4) braun backen – dauert etwa 15 Minuten.

5.13 Lebkuchen

Lebkuchen wurde im süd- und westdeutschen Raum eine Honigkuchenart aus braunem Teig genannt. Bereits in der mittelhochdeutschen Sprache wurde die Bezeichnung *leb(e)kuoche* seit dem 13. Jahrhundert, vermutlich abgleitet vom Laib – somit Brotkuchen, verwendet. Der erste Teil des Wortes stammt aus dem Mittellateinischen – von *libum* = Fladen. Das „Deutsche Wörterbuch" der Brüder GRIMM bezeichnet diese Wortzusammensetzung als eine „halbgelehrte", die darauf hinweisen mag, dass das Gebäck in frühen Zeiten an geistlicher Stätte bereitet und von geistlichen Herren zuerst versucht (gespeist) worden sei.

Man unterscheidet eine Vielzahl von Lebkuchen. Von historischem Interesse sind *Oblatenlebkuchen*, die seit dem 16. Jahrhundert mit Marzipan hergestellt wurden. Die Oblate als Unterlage für den eigentlichen Lebkuchen besteht aus ungegorenem, ungesäuertem, ungesüßtem, dünnflüssigem Teig auf der Basis von hellem Getreidemehl, der zwischen erhitzten Flächen gebacken wird. Es entsteht eine dünne, blatt- bzw. pergamentartige, rein weißfarbene Dauerbackware. Auch hier wird der kirchliche Bezug deutlich.

Im 17. Jahrhundert (das Jahrhundert des Dreißigjährigen Krieges) entstanden die *weißen Lebkuchen*. Anstelle des teuren Marzipans wurden Weizenmehl und Eier verwendet. Sie wurden nicht durchgeröstet, enthielten etwa 40 % an Mehl in der Teigmasse und außer Eiern auch Milch. *Honiglebkuchen* enthalten 50 % des Zuckers als Honig, bei *Mandellebkuchen* besteht die Teigmasse zu 35 % aus Mandeln und/oder Hasel- bzw. Walnusskernen.
Orangeat und *Zitronat* sind charakteristische Gewürze für Lebkuchen. Beim Orangeat handelt es sich um in Stücke geschnittene

kandierte Schalen von Pomeranzen (Bitterorangen), beim Zitronat (Sukkade, Zedrat) um die kandierte Schale, unreifer, grüner Früchte der Zedratzitrone. Die Zedratzitrone ist eine elliptisch-kugelförmige bis längliche, saftarme Frucht, die am einem niedrigen, dornigen Baum oder Strauch wächst. Die dicke, großporige Schale macht bis zu 70 % der Gesamtmasse aus.

REZEPT

450 g Honig
4 Eier
350 g Zucker
200 g Orangeat und Zitronat gemischt
200 g süße Mandeln, gemahlen
1 Beutelchen Lebkuchengewürz
1 Prise Salz
10 g KAISER NATRON (1 knapp gehäufter Teelöffel9
1000 g Mehl
*
Eier schaumig schlagen.
Zucker dazurühren.
Honig, Orangeat/Zitronat, Mandeln, Salz, Gewürz, KAISER NATRON unter das Mehl mischen.
Mit einem Handrührer Mehl und die Zutaten zusammenkneten.
Teig etwa 24 Stunden bei Raumtemperatur ruhen lassen.
Am nächsten Tag den Teig fingerdick auf bemehlter Unterlage ausrollen.
In einem oder mehreren Stücken auf das eingefettete Backblech bringen.
15 Minuten bei 200 Grad (Gasherd Stufe 3) backen.

Aus dem warmen Lebkuchen Figuren ausstechen (oder mit dem Messer ausschneiden).
Auf luftiger Unterlage (Rost oder Tuch) abkühlen lassen.
Zum Bemalen und Verzieren der Figuren:
Zuckerguss, Konfekt, Marzipan, Mandeln, Liebesperlen, Nüsse und/oder Hagelzucker sind geeignet.

5.14 Quarkmuzen oder Fastnachtskrapfen

Mutzen, auch *Muzen*, sind ein rheinisches Siedegebäck aus Mürbeteig, traditionell aus Mehl Eiern, Zucker und Aromen zubereitet. Es wird in siedendem Fett gebacken und zählt zum Fettgebäck. Der zähe Teig wird ausgerollt. Muzen werden vor allem zu Karneval und Silvester hergestellt und sind im Großraum Köln, am mittleren Niederrhein, am Mittelrhein, in der Eifel und im Bergischen Land sehr verbreitet. In der Schweiz wird ein vergleichbares Gebäck als *Fastnachstkiechli* bezeichnet.
Als *Krapfen* werden in siedendem Fett gebackene Kugeln bezeichnet, die anschließend mit Puderzucker bestäubt oder glasiert werden. Die aus Hefeteig ebenfalls in siedendem Fett schwimmend ausgebackenen Kugel (oder auch Ringe) nennt man *Berliner Pfannkuchen*.
Im folgenden Rezept wird *Vanillinzucker* empfohlen. Zwischen *Vanillezucker* (s. Butterplätzchen) und *Vanillinzucker* wird unterschieden: *Vanillezucker* wird als Gewürzzubereitung aus zerkleinerten Vanilleschoten und Zucker charakterisiert. Nach der Aromen-Verordnung müssen Kleinpackungen bei mindestens 8 g Gesamtinhalt mindestens 0,5 g Vanilleschoten bzw. die Extraktivstoffe daraus enthalten. *Vanillinzucker* dagegen besteht aus dem naturidentischen Vanillin

und Zucker mit mindestens 1 % an Vanillin – bei Kleinpackungen von 8 g mindestens 0,1 g Vanillin.

REZEPT

2 Eier
100 g Zucker
250 g Quark
250 g Mehl
1 Päckchen Vanillinzucker
Gut ½ Teelöffel KAISER NATRON
Fett zum Ausbacken (Palmin o.ä.)
*
Zutaten zu einem Rührteig verarbeiten.
Mit einem Teelöffel kleine Portionen nehmen und im heißen Fett ausbacken.
Nach Belieben mit feinem Zucker (evtl. mit Vanillin- oder Vanillezucker gemischt) bestreuen
oder in Puderzucker wälzen.

5.15 Mandel-Spekulatius – Holländisches Originalrezept

Spekulatius, das Gebäck aus Mürbeteig, stammt aus Belgien und den Niederlanden, wurde aber auch im Rheinland und in Westfalen hergestellt. Niederländisch wird es als *Speculaas* bezeichnet. Die Herkunft des Namens ist nicht sicher bekannt. Er soll von lateinischen Bezeichnung für „Bischof" *speculator* abgeleitet sein oder sich auf lat. *speculum* (Spiegel) beziehen, weil die Darstellungen spiegelbildlich in die Backformen eingeschnitten werden.

Gewürzspekulatius enthält vor allem Kardamon, Gewürznelke und Zimt, Mandel-Spekulatius ist weniger stark gewürzt, Butterspekulatius enthält einen höheren Anteil an Butter als die anderen Varianten. Niederländische und belgische Spekulatius weisen ein charakteristisches Karamellaroma auf.
Mit *Sukkade* (oder Zitronat - wird das aus den Schalen der Zedratzitrone hergestellte (kandierte) Produkt bezeichnet (s. 5.13).

REZEPT

500 g Mehl
300 g Zucker
220 g Margarine oder Butter
Ca. 25 g Spekulatiusgewürz
1 Ei
7,5 g KAISER NATRON (1 gestrichener Teelöffel)
7,5 g gehackte Sukkade
20 g fein gemahlene Mandeln
*
Zucker, Fett, Ei und Gewürz miteinander verkneten.
KAISER NATRON mit dem Mehl vermischen.
Die weiteren Zutaten mit unterkneten.
Den Teig einige Stunden ruhen lassen.
Vor dem Ausformen noch einmal durchkneten.
Große Figuren ausstechen oder Spekulatius-Formen aus Holz (Modeln) verwenden.
Bei 180/200 Grad (Gasherd Stufe 3) knusprig backen.

6. Einfache Experimente mit NATRON und SODA in der Küche

Für die Durchführung der Experimente werden Plastik-Schnapsgläser (1 cl) aus dem Supermarkt verwendet.

Zur Vorbereitung: Gewinnung eines Rotkohl-Extraktes als universeller Indikator

Ein in sehr kleine Stückchen zerschnittenes halbes Blatt eines Rotkohls wird in einem Topf mit entmineralisiertem Wasser bedeckt und gekocht.

Der erhaltene Extrakt wird durch ein Sieb gegossen und nach dem Abkühlen in einer Flasche im Kühlschrank aufbewahrt.

EXPERIMENT 1:

Die Wirkungen von NATRON und SODA auf den Rotkohl-Extrakt

Die Farbstoffe im Rotkohl-Extrakt (Anthocyane) zeigen an, ob es sich um eine saure (rot), neutrale (blau) oder alkalische (grün) Lösung handelt – sie wirken wie ein pH-Indikator.

Fügt man verdünnten Rotkohl-Extrakt (meist violett gefärbt) in einem Plastik-Schnapsglas NATRON (Messerspitze reicht) hinzu, so tritt eine Blaufärbung auf.

Fügt man jedoch SODA hinzu, so wird der Extrakt grün gefärbt (alkalisch wie eine Waschlauge und auch Seifen).

EXPERIMENT 2:

NATRON und SODA als Salze der Kohlensäure

In halb mit entmineralisiertem Wasser gefüllten Schnapsgläsern wird NATRON bzw. SODA (jeweils ein gehäufte Messerspitze) gelöst. Dann fügt man einen Tropfen eines Spülmittels hinzu und gießt danach etwas Essig in die Gläser.
Es entsteht ein Schaum aus Kohlendioxid.

EXPERIMENT 3:

Kohlendioxid löscht eine Flamme

In ein Marmeladenglas wird ein brennendes Teelicht gestellt. Um das Teelicht verteilt man einen Teelöffel voll NATRON oder SODA und gießt dann vorsichtig Essig darauf, ohne dass Flüssigkeit in (auf) das Teelicht gelangt.
Es entsteht das Gas Kohlendioxid, in dessen Atmosphäre die Flamme in kurzer Zeit erlischt.

EXPERIMENT 4:

Aus NATRON wird SODA

Auf einer Herdplatte wird in einem kleinen Topf zu dem verdünnten Rotkohlextrakt ein Teelöffel NATRON gegeben und die Lösung bis zum Sieden erhitzt. Danach prüft man die Farbe des Extraktes.
Führt man den Versuch in einem gläsernen Gefäß durch, so kann man die langsame Veränderung der Farbe von Blau (neutral durch NATRON) zu Grün (alkalisch) beobachten.
Durch Abspaltung von Kohlendioxid entsteht aus Natron dann Soda, bzw. aus Hydrogencarbonat-Ionen werden Carbonat-Ionen, die im Wasser alkalisch reagieren.

EXPERIMENT 5:
NATRON und SODA beseitigen die Härte im Wasser

Im einem kleinen Wasserglas, halb mit Mineralwasser gefüllt, das mindestens 100 mg/l an Calcium enthält, fügt man so viel an SODA hinzu, bis eine Trübung auftritt.
Durch den hohen Gehalt an Carbonat-Ionen fallen Calcium-Ionen, die zunächst gelöst als Hydrogencarbonat vorlagen, als Calciumcarbonat aus.
Den gleichen Versuch kann man auch mit dem eigenen Leitungswasser machen, um festzustellen, ob es sich um hartes Wasser handelt, aus dem sichtbar Calciumcarbonat (weiße Trübung) nach dem Lösen von SODA ausfallen würde.

Die in diesem auf einfache Weise in jeder Küche gefahrlos durchführbaren Versuchen zeigen die wichtigsten Eigenschaften von NATRON und SODA:

- die *neutrale* (NATRON) bzw. *alkalische* (SODA) Reaktion,
- die Freisetzung des Gases *Kohlendioxid* aus NATRON und SODA beim Zusatz von Säuren,
- die Ausfällung der *Härtebildner* (Calcium- und Magnesium-Ionen) als Carbonate,
- die *Umwandlung* von NATRON in Wasser beim Erhitzen in SODA.

7. Rezepte mit NATRON aus der Naturheilkunde

Mit *Naturheilkunde* werden verschiedene Methoden bezeichnet, welche die körpereigenen Fähigkeiten zur Selbstheilung aktivieren sollen. Sehr umfassend wurde die Naturheilkunde von Alfred *Brauchle* (1898-1964) definiert, der Sonne und Licht, Luft, Bewegung und Ruhe, die Nahrung, das Wasser, die Kälte, die Erdem Atmung, Gedanken und Willensvorgänge und auch natürliche Arzneimittel wie Heilpflanzen und deren Zubereitungen in die Therapien einbezog. Brauchle studierte Medizin, war nach der Promotion zum Dr. med. (1924) Assistent am Städtischen Krankenhaus und Wöchnerinnenheim in Lörrach/Baden und an der 4. Medizinischen Universitätsklinik in Berlin. 1929 übernahm er als Facharzt für Innere Medizin und Chefarzt die Leitung es Prießnitzkrankenhauses in Berlin-Mahlow. Von 1934-1943 war er dann Chefarzt der Klinik für Naturheilkunde im Rudolf-Heß-Krankenhaus in Dresden. Nach dem Zweiten Weltkrieg war er von 1949 bis 1960 Chefarzt des Parksanatoriums Schönau im Schwarzwald.

Als Pionier gilt der Naturheilkunde bereits im 18./19. Jahrhundert gilt der Arzt Christoph Wilhelm *Hufeland* (1762-1836).

Im Jahre 2008 erschien von Willi Vogt aus Boppard eine aktualisierte Neuauflage mit dem Titel *„Naturheilkunde für den Hausgebrauch. Praktische Tipps zur Selbsthilfe vom Heilpraktiker“*. Darin sind zahlreiche Rezepte für die Verwendung von Natron enthalten, die in diesem Kapitel zusammengestellt und kurz kommentiert werden.

Rezepte gegen eine Übersäuerung des Körpers

Der pH-Test des Urins sollte im Tagesdurchschnitt mindestens einen pH-Wert von **6,5** aufweisen. Bei ständig niedrigeren pH-Werten liegt eine Übersäuerung des Körpers vor.

Als **„Urintest (Schnell**diagnostik)“ schlägt W. Vogt Folgendes vor:

„1 EL KAISER NATRON in einem Glas Wasser auflösen und morgens zum Frühstück trinken. In Laufe des Tages sollte der pH-Wert des Urins dann deutlich in den basischen Bereich (>pH 7) steigen. Tut er das nicht, sind Sie übersäuert."
Zur **„pH-Wert** Bestimmung" schlägt W. Vogt vor:
„Ihren eigenen ‚pH-Wert' können Sie leicht feststellen, indem Sie ein Indikatorpapier Uralyt-U oder pH Indikatorstäbchen ‚Neutralit' Art. 1.09533.0001 (Merck/Apoth.) in den Morgenurin eintauchen und kurze Zeit später mit der Farbskala vergleichen."

Rezept:
„**Organismus entsäuern** (...) Sofort ein Glas Wasser trinken, dem 1 El. Kaiser®Natron zugefügt wird. Die Übersäuerung des Körpers – so wird vermutet – verursacht die Allergiebereitschaft."

In den Bereich *Übersäuerung* im weitesten Sinne gehört auch das Rezept bei einem *Gichtanfall*:
„Dieser **Einlauf** hilft bei Gicht:
1. Einlauf mit ca. ½ L klarem Wasser – sofort entleeren (...).
2. Einlauf mit ca. 1 L Wasser, in dem 2 EL KAISER NATRON gelöst sind, möglichst lange einhalten."

Als ***Säure-Basen-Haushalt*** werden summarisch alle physiologischen Regelmechanismen bezeichnet, die nach dem Prinzip der Homöostase (Selbstregulation) erfolgen. Dadurch wird der für den Ablauf der Stoffwechselvorgänge im Blut erforderliche pH-Wert von 7,4 ($\pm$ 0,05) konstant gehalten. Das Säure-Basen-Gleichgewicht wird durch die im Blut gelösten Substanzen mit Puffereigenschaften (vor allem Eiweißpuffer), den Gasaustausch in der Lunge und die Ausscheidungsmechanismen in der Niere aufrechterhalten. Störungen im Säure-Basen-Haushalt des Körpers führen zu einer *Azidose* (Übersäuerung) oder *Alkalose* (Untersäuerung). Als Endprodukt der Zellatmung entsteht Kohlendioxid, das in größeren Mengen vor allem bei körperlicher Arbeit entfällt. Im Organismus, d. h. in wässriger Lösung gilt folgendes Gleichgewicht:

$CO_2 + 2\ H_2O \leftrightarrow H_3O^+ + HCO_3^-$

Es entsteht Wasserstoffionen (als H_3O^+ = Oxonium-Ion genannt) und Hydrogencarbonat-Ionen, die Ionen aus dem Natron. Die Wasserstoffionen als säurebildende Ionen müssen vom Puffersystem abgefangen werden, damit sich der Blut-pH-Wert nicht verschiebt.

Eine Übersäuerung tritt ein, wenn das Gleichgewicht auf der rechten Seite liegt. Eine *respiratorische* Azidose liegt bei einer zu geringen Abatmung von Kohlendioxid vor. Eine *metabolische* Azidose tritt bei einer Ansammlung zu viel saurer Stoffwechselprodukte auf. Infolge von Sauerstoffmangel kann auch eine *anaerobe Glycolyse* und die damit verbundene vermehrte Bildung sogenannter Ketokörper (durch Insulinmangel) zu einem Anstieg der Konzentration saurer Stoffwechselprodukte (auch Milchsäure) führen. Die Folge ist eine *Gewebsazidose* – u.a. beim Schock, beim Herzstillstand, bei diabetischem Koma und bei Durchblutungsstörungen.

Im Rahmen der *Soforthilfe* bei einem *Herzinfarkt* (und auch beim *Schlaganfall*) schlägt W. Vogt als eine der Maßnahmen vor:

„Ist der Betroffene bei Bewusstsein, lagern Sie ihn schonend, d. h. bequem mit erhöhtem Oberkörper, um das geschwächte Herz zu entlasten. In diesem Fall können Sie 1 EL KAISER NATRON in warmem Wasser auflösen und dies dann dem Patienten zum Trinken geben, solange er noch schlucken kann. Hierdurch wird eine evtl. lokale Azidose im Herzbereich (Übersäuerung) abgepuffert und die Folgen des Infarktes gemildert."

Natron hat hier die Funktion eines Puffers – einer Substanz, welche die säurebildenden Wasserstoffionen bindet: $HCO_3^- + H_3O^+ \leftrightarrow 2 H_2O + CO_2$

Rezepte für Bäder

- „Wöchentlich 1 Vollbad mit 250g KAISER NATRON (35° C). Es fördert die Durchblutung und erfrischt. Die durch ihre Altersforschungs-Institute bekannt gewordene russische Ärztin Dr. Lepeschinskaja schreibt regelmäßigen Natronbädern eine **verjüngende** Wirkung zu."

„**Natron**-Bad: ca. 20-30 Min. in körperwarmem Wasser unter Zugabe von 250g KAISER NATRON baden."
„**KAISER NATRON**: 250 g je Bad (mind. 20 Min., macht eine zarte, geschmeidige Haut."

Von Olga Borisowna *Lepeschinskaja* erschienen auch Bücher in deutscher Sprache – so u.a. mit dem Titel „An den Quellen des Lebens" (Kinderbuchverlag, Berlin 1954) für junge Menschen, in dem sie auch über sich selbst schrieb:
„Bis auf den heutigen Tag wissen wir noch nicht alles über die Zelle. Im Leben der Zelle, in ihrer Entwicklung, im Bau der Tier und Pflanzen gibt es noch viele Rätsel und Geheimnisse. Ich bin Zytologe und arbeite nun schon mehr als 30 Jahre zusammen mit anderen Gelehrten an der Erforschung der Zelle. Es gelang mir sogar, interessante Erscheinungen in der Entwicklung der Zelle zu entdecken. Nun will ich erzählen, wie es mir gelang, ein höchst interessantes Rätsel im Leben der Zellen zu lösen. Ich möchte verständlich machen, wie eine Wissenschaft entsteht, wieviel Arbeit, Anstrengungen und Mut sie erfordert, wie die Kenntnisse von der Natur gewonnen werden, die ihr in euren Lehrbüchern erhaltet."

Ein weiteres Rezept gegen **brennende Füße:**
„Nach einem Stadtbummel/Spaziergang wirkt ein Fußbad z. B. mit KAISER NATRON hervorragend (3 TL/10 L Wasser)."

An dem Stichwort „Anorganische Mineralstoffe" weist W. Vogt auf Folgendes hin:
„Natriumbicarbonat (z. B. KAISER NATRON). In Preußen galt es als regelrechtes Allheilmittel. Für den längeren Gebrauch in größeren Mengen kann es aber das harmonische Gefüge der körpernotwendigen Mineralien (Elektrolyte im Blut) einseitig beeinflussen."

Als ein Mittel gegen (harmlose) *Schwindelanfälle* empfiehlt W. Vogt u.a.:
„**Natron**: 3 x tägl. Je 1 TL KAISER NATRON (evtl. auch mehr, bis man aufstoßen kann) in warmem Wasser aufgelöst, nach den Mahlzeiten trinken (nur vorübergehend)."

Rezept gegen Insektenstiche
„Schmerzen u. Schwellung lassen sofort nach, wenn Sie einen Brei aus **KAISER NATRON** und Wasser auf die Schmerzstelle auftragen."

Rezept zur Zahn(Zahnprothesen)reinigung
„1 TL KAISER **NATRON**/1 Glas Wasser, kräftig damit spülen und gurgeln. Es neutralisiert die sauren Speisereste zwischen den Zähnen, beugt so weitgehend der gefürchteten Karies vor."

„Zahnprothesen über Nacht in eine **KAISER** NATRON-Lösung (1 TL/Glas Wasser) aufbewahren, sie verlieren dadurch den unangenehmen Geschmack bzw. Geruch. Zahnbürste öfter wechseln."